Effectual Shift

エフェクチュアル・シフト

不確実性に企業家的機会を見いだす
マーケティングの探求

KURIKI Kei

栗木 契

千倉書房

prologue

はじめに

わらしべ長者は、企業家マーケティングを実践していた？

「わらしべ長者」は、広く知られる日本の昔話である。その原話は、平安時代の説話集にまでさかのぼることができるという。そこで語られるのは、一本の藁（わら）しべを手にすることから、長者となっていく男のストーリーである。

この寓話が長く語りつがれてきたのは、そこに現代の社会にも通じる本質的な何かが読み取れるからではないか。竹林一、吉田満梨、中村龍太の各氏が指摘しているように、この広く知られた昔話と、現代の産業や社会におけるイノベーションの担い手となる企業家のマーケティング・ストーリーとのあいだには、ある共通点がある（竹林 2020；吉田・中村 2023, pp.117-120）。

石につまずいて手にした１本のわらしべから、ストーリーは動き出す

わらしべ長者のストーリー（黒板 2022, pp. 365-368）を、短く再構成してみよう。

ある日、ひとりの貧しい若い男が、身の不遇を嘆き、寺で願いごとを行う。すると夢のなかに一人の僧が現れて、「寺を出て最初に手にしたものを大切にしなさい」と、お告げを授ける。

ところがこの男は、寺の門を出たところで、つまずいて転んでしまう。そしてその拍子に、一本のわらしべを手にする。

わらしべとは、何ともつまらないものを手にしてしまったものである。しかし男は、くよくよせず、このわらしべを持って街道を歩いていく。

すると、アブが一匹飛んできて、男の顔の周りをブンブンとつきまとう。うっとうしいアブをつかまえて、わらしべの先に結んで飛ばせて遊んでいると、身分の高そうな子供が牛車に乗って、従者たちを引き連れて街道をやってくる。子供はアブで遊ぶ男に目をとめ、「あれが欲しい」といいだす。男は従者に頼まれ、わらしべに結んだアブを渡し、お礼にと従者からミカンをもらう。

男はその先の道中においても、苦しんだり、困ったり、何かを求めたりしている人たちとの交換を続ける。そのなかでミカンは、布になり、馬になり、広々とした家と畑となっていく。こうして男は豊かな長者となる。

この男が長者になっていくきっかけは、転んだはずみに思わず手にした、一本のわらしべである。しかし、彼は単に運がよかっただけの人物ではない。彼の振る舞いには、現代の優れた企業家の行動に通じるものがある。

どのような行動が、企業家になぜ必要か？

考えてみて欲しい、そもそもこの男には、次のような選択もあり得たはずである。寺を出て最初に手にするものが重要とのお告げを受けながら、転んだはずみに、わらしべをつかんでしまった。「自分は運がない」と嘆いてわらしべを投げ捨て、次の行動に移ることも彼にはできた。あるいは、お告げにしたがい、わらしべを大切に持ち帰り、家にしまっておくこともできた。

しかし男は、そうはしなかった。先はわからないなかで、彼は一本のわらしべを持って歩き出し、アブをつかまえるなどの新しい行動を絶やさず、次々に出会う人たちの役に立とうとしたことで、長者となっていく。

男は、歩んでいくなかで出会う、思いもよらない人々の必要や欲求にこたえていくことで成功をつかんでいく。先はわからなくとも、彼はたまたま手にした小さなリソースをもとに、行動を続け、そこで出会う一つひとつの事態に真摯に対応していく。こうした歩みの大切さは、現代の産業や社会においてイノベーションを成し遂げる各種の企業家のストーリーの要諦とも響き合う。

では、現代の産業や社会において、個人や組織は、たまたま手にした、わらしべのような小さなリソースをもとに、どのように未来に向かう行動を進めていけばよいのか。そして、こうした行動は、なぜ必要なのか。本書はこれらの問題に向き合っていく。

日本がかかえる課題

現在の日本の産業や社会は、年々閉塞感が強まっているように感じる。しかし、慌てることはない。急ぐこともない。私たちは日々の行動からの学びを絶やさず、そこから新しい未来のあり方を、一つひとつ紡ぎ出していけばよいのである。

振り返ると、日本の産業や社会の立ち位置は、30年ほどの時間を経て、大きく低下してしまった。私が研究者の道を歩みはじめたあの頃には、日本企業がグローバルな時価総額ランキングなどの上位を席巻していた。しかし、その後の日本の経済は停滞が続き、世界における日本の企業や産業の存在感は、あれよあれよという間に低下していった。

今では、企業の時価総額という指標で見れば、世界のトップ100から日本企業はほぼ姿を消してしまっている。そしてGDPという指標のもとでも、日本は世界の第2位から第4位へと転落し、さらにはインドに抜かれて第5位となる日も近いと見られる。

こうした閉塞感の高まりのなかで私たちは、日本の産業や社会の未来に向けた歩みをどのように進めていけばよいか。慌てることはない。閉塞感が広がっているとはいっても、100年前のこの国とは違う。明日の食べ物すら十分に手に入らない困窮のなかで、米騒動などの社会不安が渦巻き、戦時体制に突入していったあの時代のとは比べようのない余裕が、先人たちのおかげで、私たちにはまだ残されている。急ぎすぎてはいけない。

心の落ち着きを取り戻して、向き合うべき課題のひとつは、企業や産業の生産性を高めることである。そこで効果を発揮するのがイノベーションである。経済学や経営学の緒論を踏まえれば、本書の各章で見ていくように、イノベーションは企業や産業に発展をもたらす主要なエンジンのひとつである。政府も産業界も学界も、このイノベーションの効果を踏まえて、創造的破壊の必要性を説き、漸進的な改良や改善にとどまらない、ビジネスの仕組みの抜本的な変革の意義を語ってきた。ここに間違いはないはずだ。

不確実性をいかに飼い慣らすか？

では、何が足りないか。イノベーションの大切さについては、すでに日本の企業や産業や社会において広く説かれている。しかし、現在の日本の企業や産業や社会は、イノベーティブな行動が満ち溢れる状態にはほど遠い。

なぜ、そのようなことになってしまうのか。考えられるひとつの要因は、私たちのあいだに、イノベーションの可能性を発掘し、展開していく行動のあり方についての掘り下げた理解が広がっていないという問題である。イノベーションとその担い手である企業家に表面的に憧れるだけでは、日本の企業や産業や社会に根本的な変化が生まれることはあり得ないのだ。

イノベーションとは、産業や社会に思いもよらぬ未来をもたらす活動である。このそもそもの原点を直視すれば、イノベーションとは不確実性から生まれる生成的な現象であることに思いが至るはずだ。

企業の経営やマーケティングにあたっては、リスクは可能なかぎり低減するべきである。しかし、確実に成果をあげることにしか興味を示さない経営やマーケティングの先に、どのような未来が開けるか。不確実なことには手を出さないという姿勢が、組織や産業や社会の活力を奪ってはいないか。今の日本の企業や産業や社会が向き合わなければならない課題は、イノベーションという不確実性の申し子を避けるのではなく、それをいかに飼い慣らし、マネジメントするかをめぐる掘り下げた理解なのではないか。

市場とのかかわりから生まれる不確実性

企業とは、市場とかかわり合いながら事業を生み出し、展開していく組織体である。そして、この基本図式（**図表1**）のもとで考えれば、イノベーションのひとつの源泉は企業活動を支える技術の進化である。すなわち企業が扱う製品やサービス、そしてそれらの生産や供給の効果や効率を画期的に高める技術の獲得である。

たとえばGoogleの検索エンジン、トヨタのハイブリッド、マイクロソフトのChatGPTなどの事業は、企業という組織、あるいはその創業期における個人が開発した画期的な技術の成果である。もちろん、こうした画期的な技術を企業はすべて自社の内部で開発するわけではなく、パートナーとなる企業や大学などと連携したり、ベンチャー企業を買収したりして入手することもある。

そして企業には、さらにもうひとつの重要なイノベーションの源泉がある。企業が市場とかかわるなかで直面する各種の不確実性もまた、企業がイノベーションを生み出す機会となる。とはいえ一方で、この市場とのかかわりにおける不確

図表1 市場とかかわり合いながら事業を進める企業

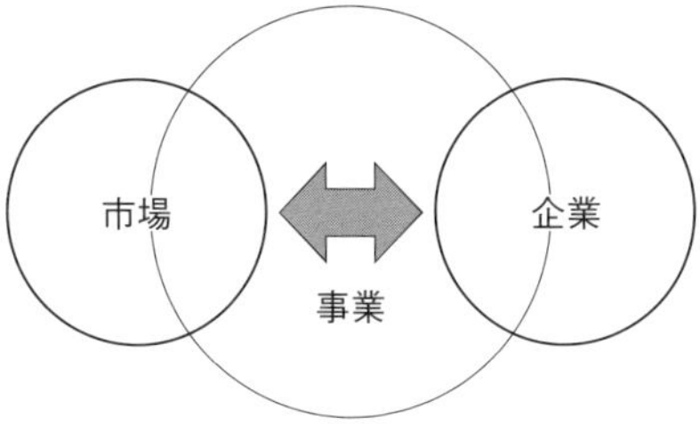

出所：筆者作成

実性は、企業に大小各種の危機をもたらすこともある。しかしそれらを逆手にとることで、画期的な技術開発はなくとも、社会や産業を変革し、新しい価値と富を生み出すイノベーションに成功する企業もある。

たとえば、本書で取りあげる、ネスレ日本が手掛けたネスカフェ アンバサダー、カモ井加工紙によるマスキングテープのmt、そしてリクルートによるスタディサプリなどの事業では、すでに開発済みの技術、あるいは誰もが広く一般に利用可能な、いわゆる枯れた技術を活用しながら、社会や産業のあり方を組み替えながら、新しい価値や富が生み出されていっている。これらのイノベーションは、画期的な技術を新たに開発したり、入手したりしたことによる成果ではない。これらのイノベーションは、市場とのかかわりから生じる不確実性への対処から生まれている。

わからないから、行動するか、しないか？

では、この市場とのかかわりから生まれるイノベーションに、企業家はいかに挑めばよいか。本書は、この問いをめぐって、エフェクチュエーションという企業家の理論を基軸にすえて、新たな理解を探求する。そこで、本書が追求していくのは、企業家が市場とかかわるなかで直面する、各種の不確実性との向き合い方である。

企業家が不確実性とかかわる際には、2つの選択肢がある。ひとつは「わからないから行動しない」。もうひとつは「わからないから行動する」である。

そして、この２つの対応のいずれをとるかによって、市場とのかかわりから個人や組織がイノベーションを活発に実現していくことができるか、できないかが分かれる。一本のわらしべを手にした男が、「その先はわからないから」と行動を止めてしまえば、彼は長者になることはなかった。思わぬ未来は、行動してみることで生まれることが少なくない。この不確実性のなかに潜む企業家的機会をとらえるためには、わからないから行動してみるマーケティングが大切となる。

日本発のイノベーションに学ぶ

本書の各章で詳述していくように、ネスカフェ アンバサダーでは、マーケティングの担当者が業務外の被災地ボランティアに参加したことから、考えていなかった新しいプログラムを開発するきっかけが生まれている。mt では、マスキングテープを想定外の用途で使っていた女性３人組の工場見学を受け入れたことが、画期的な新商品を開発するきっかけとなっている。そしてリクルートによるスタディサプリでは、個人向けのサービスを開始したことで、広告を見た高校の理事からの思いもよらない問い合わせがあり、現在の主力となる学校向け事業の開発につながる取り組みがスタートしている。

日本にはイノベーションが不足しているといわれる。しかし、失われた30年のあいだに日本においてイノベーションが途絶えてしまったわけではない。ユニークなイノベーションは日本の各所で生まれ続けている。私たちに必要なのは、これらの日本発のイノベーションの事例を収集し、その要諦をとらえ、理解を深め、広く共有していくことで、新たな行動をうながす動きをさらに活性化していくことである。

謝辞

本書の完成は、各種の事例の調査に快く協力をいただいた実務家の方々がいなければ、そもそもあり得なかった。加えて本書の執筆にあたっては、日本マーケティング学会のエフェクチュエーション研究会、日本エフェクチュエーション協会の法人会員実践研究会、株式会社ハルをベースとしたマーケティング塾における連続的な討議、そして日本商業学会、日本消費者行動研究学会、神戸大学

PwC 共同研究会などでの討議から多くの示唆を得ている。以上の調査や研究会の場において、筆者との対話の相手になっていただいた実務家や研究者の方々に御礼を申し上げたい。

さらにいえば本書は、筆者の博士課程在学時の指導教員であった石井淳蔵先生（神戸大学名誉教授）と加護野忠男先生（神戸大学名誉教授）からの学恩によって生まれた書籍だといえる。本書の執筆のプロセスを振り返ると、その構想は石井先生の数々の著作との対話のなかから芽生え、研ぎ澄まされていった。加護野先生には、翻訳書の『エフェクチュエーション』の監訳の労をとっていただき、この画期的な研究成果をどのように受け止めるべきかを教えていただいた。また、現在の筆者の勤務先である神戸大学における学内の研究会、MBA の授業や大学院のゼミ、そして実務家の方たちを対象とした学内外の各種のセミナーや研修における討議からも、本書の内容につながる多くの示唆を得ている。

そして、出版不況のなかで本書の出版を引き受けて下さった株式会社千倉書房に御礼を申し上げたい。なかでも編集部の岩澤孝さんには、本書の執筆のきっかけを与えていただくとともに、行き届いた編集をていねいに行っていただいた。研究の資金面については、本書の執筆につながる研究活動は、科学研究費助成事業25590093、20H01550、22K01745の助成を受けて行われた。記して感謝したい。

以上のように、本書は多くの方々との交流のなかから生まれた成果である。振り返ると、感謝すべきさまざまな方たちの顔が思い浮かぶ。そのなかにあって、吉田満梨（神戸大学准教授）と高瀬進（神戸大学研究員）の両氏については、特に名前を挙げて御礼を申し上げたい。当時の米国において芽生えつつあったエフェクチュエーション研究の可能性については、筆者が発見したわけではなく、若い彼らが教えてくれたことが、今の私と本書につながっている。

2024年 3 月31日

桜咲く六甲の登山口にて
栗木　契

エフェクチュアル・シフト

—不確実性に企業家的機会を見いだすマーケティングの探求—

目次

目　次

Chapter 5

第5章 企業家が直面する不確実性というリソース …… 131

Chapter 6

第6章 失敗がなぜ、どのようにしてリソースとなるか …… 157

Chapter 7

第7章　事業創造に限定されない エフェクチュエーション

Chapter 1

第1章
イントロダクション

SECTION 1

本書が向き合う課題

2020年にはじまるコロナ禍は、一変してしまった市場環境のもとでのマーケティング活動を、多くの企業に迫ることになった。従前のビジネスモデルのなかで漫然と活動を続けていては、自身がかかわっている組織、あるいはネットワークはもたないかもしれない。このような危機感を、まったく感じることはなかったと言い切れるビジネスパーソンは、少ないのではないか。

コロナ禍の日々のなかで、市場環境は猫の目のように変わっていった。では、どうすればよいか。こうした不確実性（uncertainty）に満ちた世界のなかにあって国内外で指摘されていたのが、「俊敏に動くマーケティング」の有効性である（Kalaignanam et al. 2020; 山本 2021, pp.22-32; 栗木 2022i; 2022j）。

この俊敏に動くマーケティングへの関心は、インターネットの一般利用がはじまった20世紀末ごろ以降のデジタル時代におけるグローバルなトレンドだったといえる。そして、このトレンドは、コロナ禍のなかにあっても揺らぐことはなかったのである。

本書は、この俊敏に動くマーケティングの可能性や必要性、そしてその活用の方法を、「エフェクチュエーション（effectuation）」という企業家論の理論を軸に据えて検討していく。エフェクチュエーションは、S. サラスバシーが、起業の熟達者（expert）の行動をとらえようとして進めた研究から生まれた理論だが、起業にとどまらない、広い意味での事業（business）－すなわち、人と人がかかわり合うなかで、収益をあげることで未来へと関係をつなぎ、拡大していくことにつながる活動－におけるさまざまな局面で、重要な役割を果たすことが知られている（吉田・中村 2023, pp.20-41）。エフェクチュエーションは、「俊敏に動くマーケティング」という着眼が、「不確実性に企業家的機会を見いだすマーケティング」を探求するうえで、なぜ、どのように重要となるかを探求していくための重要な糸口を提供してくれる。

SECTION 2 なぜ、「エフェクチュアル・シフト」か

数ある俊敏に動くマーケティングの理論のなかで、エフェクチュエーションは、哲学や経済学や心理学などの関連諸学とむすびついた問題の掘り下げが特に充実している。とはいえ、マーケティングや経営において、こうした俊敏な行動を活用するうえで有用な理論は、エフェクチュエーションだけではない（**図表1－1**）。そのなかにあってエフェクチュエーションは、たとえていえば、地上に広がる構造体を支える杭を最も深く地中に打ち込むことに成功している理論である。そのためにエフェクチュエーションは、私たちの思考の幅広いストレッチをうながし、俊敏に動くマーケティングの適用範囲や、課題の認識を柔軟に広げ、深めるシフトをうながしてくれる。

「エフェクチュアル・シフト」という本書のタイトルには、エフェクチュエーションを個人や組織の行動に取り入れることで、マーケティングの実践、そしてそれを支える思考や行動にどのようなシフトが生じるかを提示したり、さらにそのために必要でありながら残されている課題に実践的に対応するためのツールや条件を見いだしていきたい、という思いを込めた。本書では、エフェクチュエーションという理論の骨子を紹介しながら、このエフェクチュエーションを個人企業家だけではなく、大規模な企業などの組織のなかで企業家が活用していくためのツールや条件について、新たな見通しを提示していく。

本書が取りあげる俊敏に動くマーケティングやエフェクチュエーションなどは、フィードバックを活用するアプローチであり、戦略計画という予測を活用するアプローチの対極にある。戦略計画は、20世紀の後半以降、長らくマーケティングや経営の理論や実践における支配的な発想だった。現在でも世界のMBAやビジネス・スクールなどで教えられる内容は、戦略計画の発想にもとづくものが中心となっている。

本書の使用上の注意を述べておくと、本書はこの戦略計画の有用性を否定する

図表1-1 予測にもとづく計画の精度とは別のところにある企業家的機会

エフェクチュエーション	私の考えでは、企業家的機会が始動するのは、人間の営みにおけるすべての重要な事柄がはじまる場所、すなわち…「純粋経験の世界」においてである。純粋経験の世界では、知識が完成することはなく、機会は常につくられつつある。…行為が世界の新規性の根本原因である…(Sarasvathy 2008, 訳 p.234)。
デザイン・シンキング	デザイン思考を取り入れている組織には、…ひとつの特徴がある。子供部屋と同じように、至るところにプロトタイプがあるのだ。…プロトタイプには、役立つフィードバックを得てアイデアを前進させるのに必要な時間、労力、投資さえかけてやれば十分だ。プロトタイプが複雑で高額になるほど、「完成品」に近づいてしまい、建設的なフィードバックが得にくくなるばかりか、フィードバックに耳を貸すのが難しくなる（Brown 2009, 訳 pp.118-122）。
リーン・スタートアップ	これさえきちんとできれば大丈夫というほど重要な活動などない。むしろ大事なのは、このフィードバックループの一周に要するトータルの時間を最小にすることだ（Ries 2011, 訳 p.106）。
顧客開発	顧客開発では、下記のように従来の新製品開発において常識とされていることをすべてタブー視する。/ すべての顧客とニーズと欲しがるものすべてについての情報を網羅的に収集する。/ 顧客が製品を買う前に、顧客が欲しがるすべての機能のリストを作成する。/ 製品開発の担当者に、すべての顧客が求める要件を盛り込んだ要求仕様リストを手渡す。/…顧客開発が取り組むのは、多くの人々ではなくほんの数人のための製品開発である。もっと言えば、顧客が存在するかどうかがわかる前から製品をつくろうとしているのだ（Blank & Dorf 2012, 訳 p.45）。
ビジネス・アジリティ	「やってみる。そしてダメだったらすぐに戦略を修正する、ないしは撤退する」というのが、これからの事業戦略策定の基本的な姿勢です（山本 2021, p.29）。
ダイナミック・ケイパビリティ	グローバルな市場での勝者は、時機を踏まえた反応と、迅速で柔軟な製品イノベーションを実行できる企業である…。驚くべきことではないかもしれないが、産業界を見渡せば、数々の企業は価値ある技術資産を蓄積していくことはできても、有力な能力の獲得にはいたらない（Teece et al. 1997）。
ウーダループ	次々と明らかになっていき、しばしば事前に予測できない多くの混乱や対立する利害関係のなかで、何らかの目標や目的を達成…しようとする意図がある。この意図は変化するものであり、戦略とはこの変化する意図が織りなす心理的なタペストリーのことである（Richards 2004, 訳 p.143）。
右脳思考	大きな経営改革を成し遂げた経営者、誰も思いつかなかったユニークな戦略で自社を飛躍させた経営者（からは）、…「答えは誰もわからないのだから、やてみるしかない」というような回答を多くもらう（内田 2018, p.5）。

戦略直観	IT 革命時代の戦略家たち…が、ポーターの示すフレームワークに明示的ないし綿密ではないにせよ、大筋従っていることが容易に理解できるだろう。…しかし、彼らはポーターのフレームワークの最終段階、すなわち「こうした市場分析を通じて特定ビジネスの競争戦略策定すること」には従っていない。彼らの分析は、実際のところ戦略的イノベーションに通じるものではなかった。これこそが、…ポーターが見逃した部分である。分析により、市場下で自らが直面している状況に対し、深い理解が得られる。しかし、分析によって何をなすべきかが示されるわけではない（Duggan 2007, pp.153-154）。

出所：栗木（2022j）をもとに加筆修正

ものではない。すなわち、本書は戦略計画一辺倒のマーケティングや経営からのシフトの必要性を説くが、俊敏に動くマーケティングやエフェクチュエーションなどを戦略計画に取ってかわるものではなく、戦略計画にアドオンすべきものとして提示していく。このマーケティングや経営の理解において必要となる実践の二面性については、本書の各章で示す事例のなかでも観察される。

SECTION 3 一変してしまった市場のなかで

コロナ禍を受けたニューノーマル、そしてアフターコロナの日々を、私たちは現在生きている。ニューノーマルははじまってみると、ひとつの定常状態ではなく、変化の絶えないダイナミックなプロセスであった。

ニューノーマルのもとで事業に吹き付ける各種の風の向きや強さは、時々刻々と変化していった（栗木 2022i）。感染対策の充実やワクチンの接種が進んだり、新たな変異株が生まれたり、世界の各地域での感染状況が変化したりするたびに、人々のあいだに新たな期待や評価が生まれ、欲求や行動の変化が生じ、グローバル・サプライチェーンを通じて変化の影響が増幅されながら、複雑な関係のなかで世界は振り回され続けていった。

マーケティングは、この止まらない変化にいかにこたえていったか。局面の変化は市場の常だが、コロナ禍のなかではその頻度やインパクトは一段と増していった。このような状況のもとでは、正確な未来の予測や、その裏づけとなる精度の高いデータや分析を求めていると、企業をはじめとする各種の組織は、いつまでも動き出すことができなくなる。すぐにできそうなことを見つけては、ラフな見通しをさっと描いては行動を起こすようにしなければ、変化していく状況を、指をくわえて眺め続けることにもなりかねない。コロナ禍を受けて有効性を高めていったのは、綿密な分析や計画の練り上げではなく、素早く行動することを絶やさないことに力点を置く、俊敏に動くマーケティングだった。

SECTION 4 現代の経営課題としての俊敏に動くマーケティング

マーケティングの俊敏さへの注目は、2020年のコロナ禍の発生によって突如として生じたわけではない。日本の国内市場についていえば、人口減少が進む社会が活力を保つには、企業をはじめとする各種の組織、さらには個人が、新たなイノベーションを創出することで産業や社会の発展を導いていく必要がある。これは、コロナ禍をはじめとする、各種の天災や人災があろうともなかろうとも、日本の産業や社会が中長期にわたって向き合い続けなければならない課題である。日本の多くの企業は、既存の市場で獲得していた顧客の維持につとめるだけでは、事業の将来展望を描くことが難しくなっており、新たな市場をつくり出すことの重要性が増している（栗木 2018a）。

そのなかで少なからぬ日本企業は新たな市場を求めて、事業のグローバル化に傾注していった。しかしグローバル化は、この問題への万能解ではない。そもそも、あらゆる国内事業を海外に展開できるわけではない。さらに近年では、地政学的な変化を受けて、グローバル化に事業の未来を託すことのリスクが高まりはじめている。こうなると、もうひとつの解である、イノベーションによって新しい市場をつくり出す企業家に期待が集中していくことになる。

マーケティングにおける企業家には、個人で新たな事業を起こす個人企業家とともに、企業などの組織のなかで新規事業などを推し進める社内企業家も含まれる。さらにいえば、企業家は、組織の内外で活躍する個人としてだけではなく、チームとしてとらえることもできる。これらの各種の企業家が産業や社会のなかで担う役割は、科学や技術などにかかわる知見を、製品やサービスなどの開発にむすびつけることで社会実装を推し進めたり、その時々の産業や社会における不効率を解消したり、そこに新たな効果をもたらしたりしたりすることによって、より高度な生活や生産を私たちにもたらすイノベーションを実現することである。

そしてこうしたイノベーションの果実として企業家は、製品やサービスを、その生産に要する費用よりも高い価格で販売できるという事業上の機会を手にする。これが企業家的機会（entrepreneurial opportunity）である。この機会を得ようとする企業家は、リソースの結合において、他の人々に知られていない、何らかの新しい組み立てや組み合わせ －すなわち「新結合（new combination）」－ を実現する必要があることが指摘されてきた。この企業家の活動は不完全情報のもとにある市場において可能となるわけであり、企業家的機会は、すでにある市場のもとでの最適解の検討からは生まれない（Schumpeter 1926, 訳 pp.180-185; Kirzner 1997; Casson 1982, pp.9-10; Shane & Venkatraman 2000; Shane 2003, p.18）。

企業家的機会は、産業や社会のさまざまな箇所に潜在しているわけだが、21世紀にあって国内外の各所に多くの企業家的機会をもたらしてきたのは、発展を続けるデジタル・テクノロジーである。このデジタル・ワールドの変化も早く、その先に確実な未来が見通せるわけではない。そのためだろう。デジタル・ワールドから生まれる可能性に直接、間接に反応しながら提唱されてきたマーケティングや経営の諸論は、俊敏な行動を絶やさないことが、予測や分析の精度を高めることや、計画を練り上げることよりも、この新たに広がっていく世界においては、事業の成果につながりやすいことを繰り返し説いてきた。予測や分析や計画よりも、行動を重視することが、各種の不確実性に対処するには合理的だとの認識を共有する緒論としては、たとえばダイナミック・ケイパビリティ（Teece et al. 1997）、ウーダループ（Richards 2004）、戦略直観（Duggan 2007）、エフェクチュエーション（Sarasvathy 2008）、デザイン・シンキング（Brown 2009）、リーン・

スタートアップ（Ries 2011）、顧客開発（Blank & Dorf 2012）、右脳思考（内田 2018）、ビジネス・アジリティ（山本 2021）などを挙げることができる（**図表1-1**）。

SECTION 5 暴風雨のなかで蟻たちはどう行動するか

企業をとりまく市場環境の変化については、今後も予断は許されない。デジタル経済への移行は加速する一方であり、自然災害も地政学的な変化も止むことはない。「予測可能なのは、未来がどうなっていくかの予測が困難な状況が続くこと」という、予測至上主義者にとっては皮肉な日々が続くなかで、企業はマーケティングと経営を続けていかなければならない。

1978年のノーベル経済学賞受賞者であるH.サイモンは、『システムの科学』のなかで、蟻の足跡などを題材にしながら、ごくシンプルな行動システムでも、環境からのフィードバックを受けて軌道修正を繰り返していくことで、複雑な環境をとらえ、対応できてしまうことを説いている。

「蟻が風波の跡をとどめた海岸を、苦労しながら歩いているのを見かけることがある。蟻は前進したり、小さな砂丘を前進しやすいように右折したり、小石を迂回したり、仲間と情報を交換するために一瞬立ちどまったりする。このようにして縫うように進んだり停止したりしながら、自分の巣に帰るのである。」（Simon 1996, 訳 p.61）

蟻は私たち人間以上に単純な行動システムである。しかし蟻たちは、サイモンが目をとめたように、複雑に変化する砂丘を巧みに生き抜いている。

サイモンにならって、コロナ禍のような危機のもとでのマーケティングや経営のあり方を振り返ってみよう。こうした暴風雨などに襲われれば、蟻たちは急いで巣穴に引き返す。しかし蟻たちは、じっと巣穴にこもり続けるわけではなく、一時的にでも風雨が弱まれば、巣穴の外に頭を出してみては様子をうかがい、チョロチョロと周辺での活動を再開する。変化してしまった周囲の環境を小出しに探り、食料などを見つけては素早く持ち帰る。コロナ禍のもとにあっても、変化のなかで活動を絶やさなかった各種の企業などの動きは、この蟻たちの行動とどこか似ていないか。

世界中のMBAなどで、20世紀の後半以降に広く教えられてきたのは、戦略計画型の行動、つまり正確な予測のもとで、綿密な分析にもとづく総合計画を策定し、これを着実に実行していくというアプローチである。しかし戦略計画は、見通しが立ちやすい環境のもとにおいて効果を発揮するアプローチである。ひとたび未来の予測が困難な状況に直面すれば、このアプローチが企業家にとって合理的だとはいえなくなる。海岸の蟻たちの行動の合理的性が増す。

一方で、見通しが立っていないのに、むやみに動き回ることには、否定的な見解もあり得る。「犬も歩けば棒にあたる」という。この格言のひとつの解釈は、行き当たりばったりの行動を繰り返していては、何かに打たれたり、ぶち当たったりするリスクが高まるというものである。だから、戦略計画、すなわち高度に練り上げた計画に沿って整然と行動するアプローチが推奨されることになる。たしかに不用意にフラフラと出歩かないほうが犬にとってのリスクは少ないし、家で寝そべっているほうが楽である。しかし、それでは何か重要な機会を見逃すことになりはしないか。

SECTION 6 未来を見通すことが困難でも、行動を続けなければならない

犬ではない私たち人間としては、寝そべっていたり、惰性の行動を続けていたりするだけでは、コロナ禍のもとでの変化についていくことは難しかったわけだし、デジタル・テクノロジーなどがもたらす変化から生じる機会をとらえること

もかなわない。ニューノーマルやアフターコロナ、あるいはデジタル・ワールドのなかでのマーケティングや経営の課題は、確かな予測や見通しを得ることは困難であっても、行動を止めないことだったのであり、行動を続けることから見えてくる局所での可能性を次に活かしていく俊敏さの活かし方だったといえるのである。

そのために国内外で、エフェクチュエーションをはじめとする、俊敏に動くマーケティングの緒論が次々に提唱されており、これに反応した新しい取り組みが個人や組織のあいだに広がりはじめているのだと考えられる。こうした脱・戦略計画型のアプローチに見られる共通項は、行動を起こすことの重要視である。これらのアプローチは、出歩くことで棒に打たれることを避けようとするのではなく、打たれることから生じる新たな気づきや情報の取得を活用しようとする。出る杭は打たれるが、打たれることによって新たな情報や気づきが獲得できる。この行動することから生まれるフィードバックを活用しようとする志向は、脱・戦略計画型の諸論の重要な共通点である。

こうした俊敏に動くマーケティングへの注目は、コロナ禍以前から広がりはじめていた。デジタル・テクノロジーの導入が進む市場においては、マーケターが立ち止まって思考することができる時間の猶予は一段と短くなっている。新しい技術、システム、ビジネスモデルが次々に生まれる一方で、顧客の行動の流動化が進み、備えるべき競争の範囲の変化も止まらない。こうしたなし崩し的に広がっていく事業の流動化への俊敏な対応の必要性に、コロナ禍が拍車をかけた。

いま私たちは、産業や社会の未来を正しく確実に見通すことが、ますます困難な状況に置かれている。だが慌てることはない。未来に対応するには、予測に頼らない方法もある。サイモンが述べているように、歴史のなかで人類と文明は、予測だけではなく、フィードバックの仕組みを活用してきた（Simon 1996, 訳 p.43）。正確な予測は入手できなくとも、個人や組織の望ましい状態と実際の状態とのあいだの乖離に応答しようとする、その場その時の行動を絶やさずに続けていれば、変化する環境への適応を続けていくことはできる。

マーケティングにおいても、確実な見通しの到来を待つよりも、今、ここにおいてできることを見いだし、行動をはじめてみればよいわけだ。日々の状況を見ながら俊敏に動き、棒に打たれては反応していくことからも、マーケティングの未来は開ける。私たちは、この俊敏に動くマーケティングの意義と活用についての認識を深めていく必要がある。

SECTION 7 エフェクチュエーションがもたらしたもの、その先に残されている問い

本書では、俊敏に動くマーケティングの可能性や必要性を踏まえてサラスバシーが定式化したエフェクチュエーションなどの理論との対話を重ねながら、さらなる問題の探索的な検討を、各種の事例を取りあげながら進めていく。本書が取り扱うのは、学術的な貢献に加えて、実務への貢献にもつながるオープンな問題である。

本書が、俊敏に動くマーケティングの問題に向き合っていくために、エフェクチュエーションを基軸とするのは、なぜ俊敏に動くマーケティングが必要となるかの理論的な説明が、エフェクチュエーションでは充実しているからである。しかしその先には、さらに問わなければならない、いくつもの理論上、実践上の問題が残されている。

サラスバシーによるエフェクチュエーションの立論を踏まえると、企業家がイノベーティブな起業や新規事業に挑む場合などのように、未来を予測することが困難な局面では、あらかじめ地図を用意しようとするのではなく、俊敏に動くなかで新しい地図をつくっていくマーケティングが有効となる（Sarasvathy 2008, 訳 pp.90-95）。では、そこで企業家は、なぜ未来を予測することが困難となり、そこに生じる不確実性は、マーケティングにどのような問題を引き起こすか。こうしたエフェクチュエーションのもとに残されているマーケティング上の問題のひとつとして、企業家が市場とのかかわりのなかで直面する不確実性から、そこに潜在している企業家的機会を引き出していくためには、どのようなマーケティング・リサーチが必要となるかという問題を挙げることができる。

残されている問題をさらに挙げれば、企業家にとっては、自分は何を成し遂げたいのか、何を目的に歩みを進めていくべきかについてすら、そもそもは不確実なわけである。そのなかにあってイノベーションに向けた新結合を臨機応変に進めていくためには、固定観念の枠をいかに外していけばよいか。そして、企業家が行動するなかで直面する各種の不確実性、さらにはそこで生じてしまう失敗を、時間をかけずに起業や新規事市場業のリソースに転じるには、どのように行動を進めればよいか。さらに目を転じれば、こうした不確実性に対処する行動の必要性は、営利活動の局面だけに限定されるものではないのではないか。

エフェクチュエーションが、イノベーションや企業家についての理解にもたらした貢献は大きい。しかしその先には、まだ多くの問いが残されている。これらの課題を一つひとつ乗り越えていくことから、日本の企業や産業にとどまらない、グローバルな人間や社会のよりよい未来が広がっていくのではないか。このような思いのもとで私は本書を執筆した。

SECTION 8 本書で用いる方法、その帰結

本書では、以上の残されている問題を受けて、企業家の市場行動にかかわる各種の事例を振り返り、それらを解釈し、比較し、突き合わせることを試みる。経験に富んだ起業や新規事業の熟達者たちが、俊敏に動くマーケティングを採用しがちなのは、各種の不確実性の問題があるからだと考えられる。こうした起業や新規事業における不確実性は戦略計画の支柱となる予測（prediction）を困難とする一方で、企業家的機会の源泉ともなる。このような認識のもとで、本書が挑もうとしているのは、エフェクチュエーションの問題空間を構成する各種の不確実性が、マーケティングの実践にどのような課題を生み出し、そこに潜在している可能性を企業家がとらえるためにはどのような行動が必要かという問題である。

本書が用いるのは、エフェクチュエーションをはじめとする、俊敏に動くマー

ケティングに通じる主要な文献からの示唆を確認したうえで、残されている問題をめぐる事例の分析と、その解釈を重ねるという、シンプルな質的方法である。本書のようなマーケティングをはじめとする経営学に残されたフロンティアに挑もうとする探索的な思考を進める際には、このシンプルな方法は依然として有効だと思われる。そのもとで本書は、主要な文献の振り返りを踏まえた事例の検討を通じて、いくつかの問題に対して探索的な見通しを提示していく。本書の各章における思考の旅の結果を先取りすれば、その概要は以下のとおりである。

第2章では、なぜ、企業家は未来を予測することが困難となるか、イノベーティブな起業や新規事業において企業家が直面する不確実性は、マーケティングにどのような問題を引き起こすか、そしてそれらを乗り越える実践には何が求められるかを、主要な文献の振り返りと事例の検討を通じて考察する。市場の未来は、市場における各種のプレイヤーの行動の相互作用の結果として、市場のなかで内発的に生まれていく。この相互作用が生み出す未来については、あらかじめその生起確率を、市場内部のプレイヤーである企業家が予測することは難しい。したがって企業家は、立ち上げた事業やプロジェクトの目的や計画を、事前の予測には拘泥せず、活動を進めるなかで柔軟に見直したり、練り上げたりしていくという、フィードバックを活用した俊敏な行動をとることが合理的となる。

加えて第2章では、この俊敏さにつながるエフェクチュエーションの行動原則は、内発的に未来を創発していく、無限後退問題をともなうプロセスのなかで企業家がイノベーティブな行動を進めるための処方箋となることを確認する。そして無限後退問題を踏まえると、企業家が事業やプロジェクトの関係者の説得や巻き込みを進めていくためには、エフェクチュエーションの行動原則に加えて、観察対象と一体化するかのような共感の形成が重要となることを新たに確認する。

第3章では、第2章での検討を踏まえて、マーケティングがかかわるイノベーションは内発的創発によって生じることを前提に、そこに潜在する企業家的機会をとらえていくためには、どのようなマーケティング・リサーチが必要であり、有効となるかを検討する。イノベーションを技術サイドではなく、市場サイドから導いていくかたちの企業家的機会へのアプローチを、バリュー・イノベーションという。第2章で確認する観察対象と一体化するかのような共感の形成の必要性など、主要な文献が示す知見を振り返りながら、第3章では事例の検討を踏まえて、バリュー・イノベーションに貢献するためには、マーケティング・リサーチについては市場の予測のためのリサーチに加えて、行動の省察のためのリサーチ、逸脱事象との遭遇のためのリサーチ、そして観察対象との一体化のためのリサーチに取り組む必要があることを新たに指摘し、具体的なマーケティング・リサーチの実践事例を紹介する。

第4章では、経済学や経営学において、企業家的機会をとらえ、イノベーションを実現していく要諦と見なされてきた新結合の進め方を、主要な文献を振り返りながら、事例の検討を通じて再考する。第4章では、企業家的機会をとらえるために新結合は必要であるが、それだけでは十分ではなく、固定観念の枠を外すための数々の行動を重ねていくことが必要となることを確認する。加えて、エフェクチュエーションにおけるクレイジーキルトの原則とレモネードの原則は、この固定観念の枠を外すことにつながる行動に直接的につながる原則であり、手中の鳥の原則、許容可能な損失の原則、そして飛行中のパイロットの原則は、これらの固定観念を外すための行動を間接的に支える行動と位置づけることができることを新たに確認する。

第5章では、企業家は市場で行動するなかで直面する各種の不確実性のもとで、どのように事業を開始し、その成長を導いていけばよいかという、極めて難しい問題を切り拓くための行動の一端を検討する。第5章では、市場の不確実性は企業家的機会の源泉でもあることに注目する。企業家が直面することになる不確実性は、先行する文献に示されているように、状態の不確実性、効果の不確実性、そして反応の不確実性の3つの局面にわけてとらえることができる。第5章では、このことを確認しながら、事例の検討を通じて、成長を事業にもたらす企業家は、この3つの不確実性の特性に応じて、5つあるエフェクチュエーションの行動原則の比重を変えながら、その活用を行っていることを、第4章で確立した枠組みのもとで新たに指摘する。

第6章では、さらに企業家が市場で直面する不確実性は、第5章で検討したように、企業家的機会の源泉となる一方で、企業家にさまざまな失敗をもたらす要因ともなることに目を向ける。不確実性の問題がある以上、企業家が市場で新たな行動を起こせば、失敗は避けがたく起こることについては、あらかじめ覚悟をしておくべきだといえる。しかし、こうした市場の不確実性に由来する失敗は、次なる企業家的機会をたぐり寄せる契機となることもあるわけで、失敗を過度に恐れていては、アツモノに懲りてナマスを吹くことにもなりかねない。

失敗は避けるに越したことはないが、この失敗の回避に傾注するあまり、そこに表裏一体なものとして潜在しているはずの企業家的機会をとらえ損なうことは避けたい。そして第6章では、第5章で検討した不確実性をめぐる問題を、主要な文献の振り返りとさらなる事例の検討を踏まえて再考するとともに、そこではエフェクチュエーションの5つの行動原則に加えて、「ねばってみる」という企業家の姿勢がなぜ、どのように必要となるかという新たな問題について、状態の不確実性との関係に注目しながら検討する。

第7章では、起業や新規事業といった事業創造の枠組みを超えて、個人や組織は、市場とのかかわりにおける不確実性に、いかに向き合うべきであり、そこからどのような可能性が生まれていくかという問題を、事例を踏まえて検討する。エフェクチュエーションは、企業家研究から生まれた理論だが、そこにとらえられているのは、イノベーティブな起業や新規事業という問題の外にも広がる各種の不確実性に対処するためにも合理的な行動であった可能性がある。この可能性に注目すれば、事業創造以外の局面において企業家が直面することになる不確実性に対処しようとする際にも、エフェクチュアルな行動が有効となる可能性があると考えられる。第7章では、天災や人災などに直面した企業家の事例を通じて、事業創造以外の局面においても、エフェクチュアルな行動が不確実性のなかで新しい局面を切り拓き、収益の増大にとどまらない個人や組織や社会の価値の増大に貢献する可能性があることを新たに指摘する。

SECTION

9 そして何がわかったか

本書ではバリュー・イノベーションという、マーケティング発のイノベーションにおける企業家的機会の重要な源泉は、企業家が市場とかかわるなかで直面する不確実性にあること、そしてその捉え方を確認していく。本書で取りあげる事例から見えてくるのは、市場とのかかわりにおける不確実性を嫌ったり、避けようとしたり、克服しようとしたりするのではなく、受け入れ、育くみ、活用していく個人や組織の俊敏な行動が、産業や社会の未来に果たしていく役割である。

企業家は市場とのかかわりにおいて、各種の不確実性と遭遇する。そしてこれらの不確実性に潜在している可能性をマーケティング活動を通じて引き出していくことは、バリュー・イノベーションを実現するための重要な回路となる。イノベーションに必要なのは、新規性があり、差別化された新結合である。市場とのかかわりのなかでの予測の困難さは、新結合の可能性をとらえるための障壁となるだけではなく、リソースともなる。予測が困難だからこそ、他の人たちには知られていないわけであり、これは新規性と差別化の源泉となる。

本書は、このバリュー・イノベーションのためのマーケティングの探求の糸口を、エフェクチュエーションに代表される俊敏に動くマーケティングが企業家にもたらす可能性に求める。とはいえ、このエフェクチュアルな行動をサポートしたり、活性化したりするマーケティング上のツールや条件については、さらに考察を重ねるべき問題も多く残されている。そこで本書はこの課題にこたえるための検討に取り組み、上記の各章の概要に示したような各種のツールの紹介や各種の条件の確認や指摘を行う（**図表1-2**）。

そこで浮かび上がっていく理解の総体として指摘できるのは、バリュー・イノベーションにおける企業家的機会の源泉となる不確実性は、個人や組織が、新たな行動を進めるなかで明瞭に認識できるようになっていく問題だということである。どこにどのような不確実性があるかが、事前に具体的に認識できるものなの

図表1－2　本書が進める探求の基本枠組み

不確実性に企業家的機会を見いだすマーケティングへの注目

↓

この機会をとらえるエフェクチュアルな行動の役割の確認

↓

そのサポートや活性化のためのツールや条件や思考の方法の探索

出所：筆者作成

であれば、この問題はマーケティング・リサーチなどを通じた予測によって対処できるはずである。しかし、本書の各章で確認していくように、バリュー・イノベーションを実現していく企業家は、行動に踏み出す前ではなく、行動を進めていくプロセスの渦中において、予期せざる効果や反応や状態と、出会い、それらへの対処から思いもよらなかった可能性を手に入れる。企業家にとっての市場、産業、そして社会は、スタティスティックな存在ではなく、動的なプロセスとして出現する。

だからこそ、マーケティング発の市場の側からのイノベーションに挑もうとする個人や組織は、エフェクチュエーションをはじめとする俊敏な行動の意義に目を向けるべきなのである。そして、不確実性に企業家的機会を見いだすためのマーケティング上のツール、条件、そして思考の進め方をさらに掘り下げて探求するべきなのである。本書はこの課題を浮き彫りにするとともに、その解を探る探索的な検討を進め、ささやかな成果を提示する。

Chapter 2

第2章
無限後退問題とマーケティング

SECTION 1 はじめに[1]

STP マーケティングは20世紀後半という、経営学における戦略計画（strategic planning）の全盛期に生まれた。STP マーケティングは21世紀の現在においても、MBA などのビジネススクールの教室をはじめ、産業界の各所でのマーケティングの実践などに、その基本枠組みを提供している。

戦略計画とは、市場や産業などを分析し、変化を予測し、そのもとで計画を戦略的に練り上げ、統合された行動を進めていくというアプローチである[2]。STP マーケティングは戦略計画の流れに属しており、市場の未来を一定の範囲で予測できることを前提としている。しかしマーケティングという活動において、この前提が常に成り立つわけではないのであれば、STP マーケティングを補完する行動原則を、何らかのかたちで確立する必要があるはずである。

H. サイモンは『システムの科学』のなかで、歴史において人類と文明は、予測だけではなく、フィードバックの仕組みも活用しながら、未来に挑んできたことを指摘している（Simon 1996, 訳 pp.178-179）。このサイモンの指摘を踏まえれば、マーケティングの活動を未来に向けて進める際には、予測にもとづいて計画を確立する方法だけではなく、実効性のある活動を試みる歩みなかで、事後的な振り返りを通じて変化に応答していく方法も活用するべきである。

本章では、このフィードバック型の方法が、STP マーケティングをいかに補完するか。そしてこの補完関係からマーケティングは何を手にするかという、マーケティング論のフロンティアをめぐる問題について、『エフェクチュエーション』と『マーケティングの神話』の２つの著作をもとに考察を進める。

SECTION 2 『エフェクチュエーション』と『マーケティングの神話』

2-1 STPマーケティング

S.サラスバシーによる『エフェクチュエーション』と石井淳蔵による『マーケティングの神話』。前者は、H.サイモンの熟達者研究の流れを引き継いだ企業家研究の著作であり（高瀬 2017, pp.37-54）、後者は、日本の商業経済論の知見を取り入れたマーケティング研究の著作である。米国の企業家研究と日本のマーケティング研究という異なる系譜に属する両書だが、ひとつの共通点がある。それは両書が、現代のマーケティング論の主流であるSTPマーケティングへの問題提起を行っていることである。

ここでいう企業家とは、アントレプレナー（entrepreneur）の翻訳語である。日本語の文脈では、このアントレプレナーの翻訳語としては起業家という語も広く用いられる。学術誌などでは「企業家」を使用することが多く、産業界に近い新聞などでは「起業家」が主流だという研究結果もある（山田・植田・柳 2015）。とはいえ、これらの語は共通して、イノベーティブな企てを実現する人を意味するわけであり、この点においては企業家も起業家も同じだという指摘もある（清水 2001）。

しかし「起業家」というと、新しい事業を起こす人 ― つまり会社の創業者 ― という意味合いが強くなってしまう一方で、イノベーティブな企てを実現する人のなかには、会社の創業者ではないが、既存企業のなかなどにあって、新しい事業の立ち上げなどにかかわりながら、新機軸の導入や事業の再構築などを進める人たちも少なからずいる（清水 2001; 角田 2002）。本書では、この企業内で新たな事業の創造にかかわる人たちも含めた、広い意味でのイノベーションの担い手の行動を検討しようとしている。したがって本書では、「起業家」ではなく、「企業家」という語を用いる。

図表２－１　STPマーケティングのプロセス

R ➡ STP ➡ MM ➡ I&C

出所：Kotler（1991）pp.62-79；鈴木（2016）pp.16-19をもとに筆者作成

さて、P. コトラーの著作である『マーケティング・マネジメント』は、マーケティング論の代表的な教科書としての地位を長らく占めてきた。サラスバシーらによれば、もし企業家が、マーケティングの進め方として、この『マーケティング・マネジメント』が提示するプロセスを遵守するならば、新しい製品あるいはサービス（X）の市場導入は以下のように進むことになるはずである（**図表２－１**）（Kotler 1991, pp.62-79; Sarasvathy 2001; 2008, 訳 pp.94-98; 鈴木 2016, pp.16-19）。

最初のステップは、X の市場における販売機会の把握である。企業家は、まずマーケティング・リサーチを行う（Research）。そして、市場の全体像をつかむためのデータや情報を収集し、その分析結果にもとづき、X の市場をセグメント（Segment）に分割する。続いて企業家は、各セグメントの潜在的な売上などについての戦略的評価を行い、それをもとに、ひとつあるいは複数のセグメントをターゲット（Target）とする。さらに企業家は、競合分析、そして利用可能な資源や制約条件などの検討などを行い、ターゲットとするセグメントにおける X の最適なポジショニング（Positioning）見極める。そのうえで、価格政策やチャネル政策やプロモーション政策などのマーケティングの諸活動（Marketing Mix）の計画を作成し、その実現のための実行と管理（Implementation & Control）の実施につとめる。

以上のような手順は、「STP マーケティング」あるいは「STP プロセス」とも呼ばれ、広く世界のビジネススクールの教室で教えられてきた（Sarasvathy 2001）。マーケティングの要諦が、企業の環境適応であることを考えると、「市場という環境を精査し → そのなかに自社にとって最適な領域を見いだし → 最適な活動を集中展開する」という STP マーケティングのアプローチは、理にかなったものであるように思える。

しかしサラスバシーは、STP マーケティングが合理的となるのは、活動がどのような効果を生みだすかが事前に明確であり（環境の異方性）、一貫した目的のもとで行動を進めていくことが可能であり（明確な目的の存在）、未来が予測できる見込みが低くはない（未来の結果の確率計算の有効性）といった必要条件が満たされる場合にすぎないことを指摘し、これらの条件が満たされることを暗黙の前提としながらSTPマーケティングなどの戦略計画が描いてきたマーケティング・プロセスを支える論理を、コーゼーション（causation）と呼んでいる（Sarasvathy 2008, 訳pp.82-95）。この3つの条件をめぐるマーケティング上の問題については、本書の第5章以降でさらに詳しく検討する。

2-2　企業家のマーケティング行動

STPマーケティングは、広く受け入れられているとはいえ、そもそもは規範的なモデルである。さらにSTPマーケティングを支持する実証結果もある（山下・福富・福地・上原・佐々木 2012, pp.94-97, pp.119-123）。しかし実際に、熟達した企業家たちが採用するのも、同じような行動手順なのだろうか。あるいはSTPマーケティングが、唯一最善のマーケティングの手順だといえるのだろうか。

サラスバシーは、こうした問いに答えるべく、『エフェクチュエーション』のなかで、B.ルータン（スペースシップ・ワン）、R.グレーザー（リアルネットワークス）、H.シュルツ（スターバックス）といった著名な企業家の起業のストーリーを再構成し、起業の熟達者たちがどのような行動を通じて事業を立ち上げていくかの検討を行っている。加えてサラスバシーは、ひとつ以上の企業を創立し、かつ最低でも1社を株式公開した人物27名を調査対象に、プロトコル・データを収集し、この熟達した企業家たちが、架空の事例にもとづく企業家的意思決定の課題に、どのように取り組むかも分析している（Sarasvathy 2008, 訳pp.3-14, pp.24-55, pp.64-68, pp.83-94）。

この2つの分析の結果は共通しており、熟達した企業家たちは、STPマーケティングの手順にはしたがわないことが多い。そして、熟達した企業家たちは多くの場合、「すぐにでも実行可能な活動を見いだし → この活動を実行していくなかで → 自社の新製品にとって適した市場の領域を把握する」という手順をとる傾向が見られたのである。この教科書的なマーケティングとは真逆といえる行動の論理にサラスバシーは注目し、エフェクチュエーション（effectuation）と名づける[3]。

熟達した企業家たちが、教科書的なマーケティングのプロセスにしたがわないのは、彼らがマーケティング・リサーチ（市場調査）を行わない、あるいはそれをもとにした予測を軽視する点にも現れる。たとえば、サラスバシーのプロトコル分析では、マーケティング・リサーチあるいは予測的分析を用いるとしたのは、27名の調査対象者のうち４名のみだった。

では、熟達した企業家たちは、その代わりに何を行うのか。彼らはまずは、実行可能な活動を手近なところに見いだし、それらに取り組むなかで、新製品に適した市場の領域を、事後的に見いだすことを選ぶ。なぜ、企業家たちは、このような行動に向かうのだろうか。サラスバシーは、その理由として、企業家たちが対峙することになる市場は、STP マーケティングが前提としているような市場とは異なり、いかに精査しようとも、その未来を予測し、成功の鍵要因や適切な目的を確定することが困難な場となることを挙げる。

2－3　ヒット商品開発者のマーケティング行動

石井淳蔵が分析するのは、日本企業の新製品開発プロセスである（石井 1993, pp.9-19, pp.27-28）。石井は、アタック（花王）、静御前（日立製作所）、シャンプー・ドレッサー（東陶機器：現 TOTO）といった、当時のヒット商品の事例を取り上げ、それらの開発が、「消費者ニーズの調査 → 消費者ニーズの重要次元の選択 → 技術開発の方針の確定 → 製品の基本コンセプトの確定」というストーリーのもとで記述できることを示す。このような開発のストーリーラインは、現在でもヒット商品などを各種の講演や記事などで紹介する際のひとつの典型だといってよい。

ところが、石井が精査してみたところ、この STP マーケティングとも共通性が高い開発ストーリーは、事後的な記述として成り立つ「神話」だった。石井が開発担当者たちへのフィールド調査を重ねて、検討したところ、実際に彼らがたどっていたのは、STPマーケティングとは大きく異なる手順だった。たとえば、開発担当者たちは、消費者ニーズの調査（マーケティング・リサーチ）は行っていたが、その調査で最も支持されていたわけではないはずの特性を基本コンセプトに採用したり、調査そのものを開発プロセスの後半になってから行ったりしていた。

先述したように、サラスバシーは、熟達した企業家たちは、まずは可能な行動を実践するなかで、新製品に適した市場の領域を事後的に把握していく傾向があることを指摘し、このような手順を導く行動の論理をエフェクチュエーションと呼んだ。石井も同様に、ヒット商品の開発プロセスは、エフェクチュアルな動きとの共通性が高いことを見いだしている。

2-4　なぜ、マーケティングの神話が流布してしまうか

それにしても、なぜ広く社会に、エフェクチュエーションとは真逆のマーケティングの神話が流布してしまうのだろうか。その理由は、時間のいたずらとでもいうべきものであり、実際の開発はエフェクチュアルな手順をたどるのだとしても、成功をおさめた事後の時点になってから振り返る際には、当の製品やサービスに適した市場の領域は、誰の目にも明らかなかたちで出現してしまっているからだと考えることができる（**図表2-2**）。すなわちこの時点で、「この市場領域にねらいを定めて、企業がマーケティング活動を投入したことからヒットが生まれた」という説明図式を描けば、それは眼前の現実に合致したストーリーとなっており、広く受け入れられやすいのである（栗木 2003, pp.122-130; 水越 2011, p.141; 石井 2012, pp.302-304; 栗木 2012c, pp.89-90; 石井 2014, pp.191-195, pp.225-237）。

ヒット商品が生まれたり、起業が成功したりするのは、そこに一定の顧客、すなわち何らかの適合的な市場の領域が存在するからである。しかし、このことと、ターゲットとする市場の領域を把握することから企業家がマーケティングの取り組みを開始するべきか、否かとは、別の問題である。この市場の領域は、そもそも新たな製品やサービスのためのマーケティング活動の開始に先立って出現していたのだろうか。そうではない可能性が少なからずあり、開発の途上においては

図表２−２　ヒット商品が生まれる前と生まれた後

マーケティング活動 ➡ 市場の領域

適合

	マーケティング活動	市場の領域
活動開始前	未出動	未出現
活動実施後	実施済	出現

出所：筆者作成

図表２−３　I&Cを先行させたマーケティングのプロセス

I&C ➡ R ➡ STP ➡ MM

出所：筆者作成

この市場の領域は未出現なのであれば、STP マーケティングが提供する開発ストーリーは、後付けの解釈ではないかと疑ってみる必要がある。

『エフェクチュエーション』と『マーケティングの神話』の両書に共通するのは、STP マーケティングへの問題提起である。その批判の要点を振り返っておこう。STP マーケティングとは、先の**図表２−１**のような手順で進められるマーケティングである。サラスバシーと石井は、STP マーケティングを批判するなかで、STP やマーケティングミックス（MM）を見定めることの重要性そのものを疑っているわけではない。問題はそのタイミングである。彼らは、**図表２−２**に示す活動開始前のタイミングでは、事業のターゲットとなるはずの市場の領域は出現していないことに反応している。その意味ではコトラー流のマーケティングが全面的に否定されているわけではない。

彼らが批判しているのは、R と I & C の位置づけである。すなわち彼らは、マーケティング・リサーチによる予測に行動の前提を委ねようとする STP マーケティングの戦略計画的な発想に疑問を呈し(4)、先行させるべきは行動（I & C）である可能性を主張しているのである（**図表２−３**）。

SECTION 3 セブン‐イレブンが確立してきた仕組み

3‐1 仮説‐検証で機会を逃さない

とはいえ、このマーケティングの手順をめぐる論争の黒白は、簡単にはつきそうにない。上述してきたような問題がある一方で、各種のマーケティング・リサーチの高度化が、現代の産業社会において、企業の成長と収益性の強化を支えていることも間違いないからである。

わが国の小売業において、収益性の高い経営方式を確立しているセブン‐イレブンについてはどうか。その「売り逃さない」店舗運営の仕組みは、小川進が詳細に描き出している（小川 2006, pp.61-68）。たとえば、トラックの運転手が多く来店するセブン‐イレブンの店舗があったとする。このような店舗では、夏になって暑くなると、白いシャツが着替え用に売れるのだという。

セブン‐イレブンの店舗では、このエピソードのような「どこで、何が、いつ売れるか」の仮説を、過去の販売実績や気象データなどの各種のデータと突き合わせて確認したうえで発注を行い、さらに発注後の販売実績をPOSデータを使って確認し、仮説の検証を行う。セブン‐イレブンは、こうした日々の取り組みを繰り返すことで、予測精度の高い発注を実現し、売り逃しのロスを低下させている。

一方で消費者の心理や行動は、時間の流れのなかで、絶えることなく変化していく。コロナ禍やロシアのウクライナ侵攻などがなくとも、この変化は市場の常である。

セブン＆アイ・ホールディングスの会長などを長らくつとめた鈴木敏文は、過去の成功体験にしばられることを「成功の復讐」と呼び、過去の体験を未来に向けた行動に持ち込むことを避けるように説いている。そしてそのために、セブン‐イレブンでは、新たな成長の種をとらえるべく、新しい販売方法の仮説を日々各店舗で考えては、この仮説のもとで実際に発注を行うことが推奨されている。そして、実行してみた結果をPOSデータで迅速に確認するとともに、特定の個店舗で実績をあげた仮説をエリア内の他の店舗に素早く導入する。さらに、このエリアでの新たな行動の結果を検証し、効果が認められたものについては全国に広げるといった展開を繰り返している。セブン‐イレブンは、このような組織的な仕組みとしての仮説‐検証の流れを確立している（鈴木 2013, pp.119-125, pp.216-221）。

こうしたセブン‐イレブンの取り組みは、普遍的な再現性というよりは、局所的な市場の秩序を見定めようとする試みとの親和性が高い。しかし、できあがった仕組みとしては、セブン‐イレブンの仮説‐検証は、批判的合理主義の方法論と共通点をもつ組み立てとなっている。1回のデータ分析だけで高い再現性のある関係を実証することは難しくても、複数回の仮説‐検証を繰り返していくことで、仮説の精度を高めていくことができる。この批判的合理主義の考え（Popper 1963, 訳 p.93, pp.96-97; Christensen & Raynor 2003; 栗木 2012a, 2012c, pp.174-179）を、セブン‐イレブンの仕組みは、一面で取り入れていると見ることができる。

3‐2 F.ナイトの3の不確実性

セブン‐イレブンの成長と収益を支えてきた仕組みには、批判的合理主義という科学の発想にかなうものだといえる。市場とは不確かな場である。未来の結果はわからない。だがそこで、プレイヤーとなる個人や組織は、明日の市場で何が起こるかを見定める必要がある。しかし、完全な予測は無理だとしても、その精度をより高いものとしていくことは不可能ではない。

批判的合理主義の方法論にしたがえば、STPマーケティングの回転速度を高め試行回数を増やすことが、この問題に挑むうえでのひとつのカギとなる。先のセブン‐イレブンの取り組みは、その一例だと見ることができる。

とはいえ、そこから生じる予測の効果が、マーケティングに求められる成果のすべてを支えるのであれば、サラスバシーや石井が問題提起を行う余地は、そもそもなかったはずである。そして、こうした批判的合理主義的な予測の取り組み

図表2－4　3つの不確実性（F. ナイト）

1. 結果はわからないが、事象が生じる確率の分布は既知の場合
2. 結果がわからないのみならず、事象が生じる確率の分布も未知という場合
3. 結果がわからず、事象が生じる確率の分布も未知であることに加えて、その分布が変動しないと仮定してよいかも、当の事象に注目し続けてよいかもわからないという場合

出所：Knight（1921）訳 pp.285-308にもとづき筆者作成

が、あらゆる不確実性に対して有効であるかについては、よく考えてみる必要がある。

サラスバシーは、F. ナイトが提示した3つの不確実性に言及しながら、市場における不確実性の特性を説明する（**図表2－4**）。ここでいう不確実性とは －ナイトの言葉を振り返れば － 複数の諸性質の結びつきが生じる比率を確証することが難しい状態である。そして、この不確実性には3つのタイプがあり、その違いによって対処方法が異なる（Knight 1921, 訳 pp.285-308; Sarasvathy 2001; 2008, 訳 pp.32-34）。

なお、サラスバシーは、エフェクチュエーションが有効となる問題空間を、このナイトがとらえた3つ目の不確実性から派生する3種類の不確実性の広がり － ナイトの第3の不確実性から派生するさらなる3つの不確実性の問題空間 －のもとでとらえている。このエフェクチュエーションの問題空間に企業家がいかにかかわるべきかについては、本書の第5章以下で検討していく。

さて、ナイトの第1の不確実性は、結果はわからないが、事象が生起する確率の分布は既知だという場合である。これは、たとえば、壺から玉を取り出すくじ引きで、壺のなかには「当たり」の赤玉が3個、「外れ」の白玉が7個入っていることが事前にわかっているような場合である。

第2の不確実性は、結果がわからないのみならず、事象が生起する確率の分布も未知だという場合である。これは、先と同様のくじ引きではあるが、赤と白の玉がそれぞれ何個ずつ壺に入っているかはプレイヤーには事前にわからない、というような場合である。

さて、未来はわからないとはいっても、個人や組織が市場において直面しているのが、この2種類の不確実性に限られるのであれば、マーケティング・リサー

チは批判的合理主義の発想 － すなわち未来への合理的な挑み方は、課題領域における普遍的な再現性の高い法則をとらえ、これにしたがって行動することだという考え － のもとで有効に機能しそうである。

第１の不確実性は、マーケティング・リサーチに先立って、事象が生じる確率の分布が把握できている場合に相当する。しかし、マーケティングの理論の多くは、条件依存の程度が高く、普遍的な再現性は期待しにくいものが多い。第１の不確実性とマーケティングとの相性は、必ずしもよくない。とはいえ、もし事前に事象の生起確率の分布がわかっているのであれば、この情報を入手するだけで、適切なセグメントやマーケティング・ミックスなどの検討を行うことができる。

実際にはマーケティング・リサーチがかかわるのは、第２の不確実性への対処が多くなる。新製品を市場に新たに導入したり、何らかの新しいマーケティング活動を行ったりする際に、市場がそれらにどのように反応するかの確率分布を、質問票調査や販売データの分析などを通じて把握していくことがマーケティング・リサーチの役割となる。第２の不確実性のもとでの予測の精度の向上には、「答え一発」は期待しないほうがよい。サンプル数を増やすことも重要だが、仮説の検証には繰り返しが必要になる。すなわち、批判的合理主義の方法論が説くように、各種のマーケティング・リサーチを迅速かつ多面的に繰り返し、仮説を精緻化していくことで、第２の不確実性のもとでの予測の精度は高まる。

そして、さらにいえば、変化の激しい市場、－ すなわち先のくじ引きの壺の中身が、環境の変化やプレイヤーの働きかけなどによって、入れ替わってしまうような場合 － においても、仮説－検証の回転速度がこの変化の速度に対して十分に高ければ、精度の高い予測は確保できる（原田 2014, pp.45-48）。先のセブン－イレブンの仮説－検証の仕組みは、こうした第２の不確実性のもとでの予測の精度の向上に貢献していると考えることができる。

3-3　ゲームのルールを書き替えながら進むゲーム

だがナイトは、さらに市場には第３の不確実性が存在することを見すえていた。これは、結果がわからず、事象の生起の確率分布も未知であることに加えて、この生起の確率分布をめぐる原則的な関係を不変なものと仮定してよいかどうかもわからないという場合である。なぜ、これらが変わってしまうかというと、市場という場ではプレイヤーの行動が、そこで行われているゲームの前提を変えてしまうことが少なからずあるからである。このプレイヤーの行動とゲームの前提の相互作用の問題は、自然界の現象を扱う科学とは区別して人工的世界の科学の対象とするべきである。このサイモンの構想については、本書の第３章であらためて取りあげる。

さてサラスバシーは、ナイトの立論を踏まえて、熟達した企業家には、マーケティング・リサーチによって予測の精度を高めることに取り組むよりも、次のような行動に向かう傾向があることを指摘している（Sarasvathy 2001; 2008, 訳 p.35）。たとえば、先の壺から玉を取り出すくじ引きであれば、「赤」の玉を引きたいと思うプレイヤーは、密かに集めてきた10個あるいはさらに多くの赤玉を、他者が見ていない隙に壺のなかに忍び込ませて、赤玉を引く確率を　－　予測するのではなく　－　コントロールしてしまおうと画策するかもしれない。あるいは白玉を引いてしまった後で、プレイヤーは、くじ引きの主催者や参加者たちを説得して、当たりの玉は「赤」ではなく「白」だというルール変更を認めさせようとするかもしれない。

こうした内部プレイヤーの振る舞いは、事象の生起の確率分布をめぐる原則的な関係を変えてしまおうとするものであり、壺の中身の推定のために、試行を重ねて、予測の精度を高めていこうとしてきたリサーチの積み重ねを無効化してしまう。市場における変化は、プレイヤーとしての個人や組織の行動の外からやってくるだけではなく、中からも生じるのである。マーケティングにおいては、このような内部プレイヤーの振る舞いがシステムの全体に影響を与えることが不可能ではないし、しばしば生じる。

たとえばセブン－イレブンについては、次のような話がある（鈴木 2013, p.160）。セブン－イレブンには、陳列棚に広いフェイスをとれば単品で500枚も売れる魚フライがあったりするのだという。しかしこれを、人気があるから売れるだろうと、陳列幅を減らすと、100枚も売れなかったりするといったことが起こる。

すなわち、マーケティング・リサーチがとらえようとしている顧客の心理や行

動 − この場合はセブン-イレブンの店舗において、陳列棚から魚フライを選択するという消費者の行動が生じる確率分布 − は、法則のようにあらかじめ定まっており、未来永劫変わることのないわけでもなく、企業の取り組み − たとえば、魚フライの陳列幅のような、ちょっとした設定の変更 − によって塗りかえられてしまうのである。顧客の心理や行動だけではない。競争企業や取引先や政府などとの関係においても、企業の行動によって市場のあり方が変わってしまうというゲームチェンジは、しばしば起こる（沼上 2000, pp.189-195; 栗木 2012c, pp.67-73; 西本・勝又 2018）。

3-4 第3の不確実性にも対応する行動

セブン-イレブンをはじめとする、各種の企業は、市場が相互作用の場であることから生じる第3の不確実性に、受け身で追従しているだけではない。そして、そこから生まれるマーケティングあるいは事業上の各種の可能性をセブン-イレブンは見逃さず、それらを能動的に取り込もうとしてきた。

第3の不確実性のもとでも、先の仮説-検証の回転速度を高めることの効果はあるが、回転速度の上昇だけでは、新たな機会の見逃しが生じることには注意が必要である。第3の不確実性が示しているのは、検証されてはいないが、可能性が見込める新しい仮説にもとづく行動を、実際に市場で次々に行ってみることで、マーケティングや事業上の機会を獲得できる可能性である。この機会は、新たな行動を開始することなく、検証の結果が出るのを待っていては、誰かに先取りされてしまう。

この第3の不確実性のもとでの可能性に反応するかのように、セブン-イレブンは過去の経験やデータにこだわらずに、新たな行動に積極的に挑み、自らの未来を切り拓いてきた（鈴木 2013, p.41, pp.46-52）。現在のセブン-イレブンの収益は、開業当初の事業形態を守るだけではなく、「とにかくやってみよう」と新たに挑戦してきた事業の転換や拡張によって支えられている。

たとえば、その一例として、店舗のATM（セブン銀行）や、ワンランク上のPBのセブンゴールドなどを挙げることができる（鈴木 2013, pp.82-83, pp.159-161）。

セブン‐イレブンのATM事業については、当初の2年間は赤字だったという。しかしそれにもかかわらず、セブン‐イレブンは、設置する店舗や提携する金融機関の数を増やしていった。こうして認知度と利便性を高めていった結果、3年目を迎えたころから、ATMの利用件数が高まり、ようやくセブン銀行は黒字化を達成する。

一方、プレミアムPBのセブンゴールドについては、当初はメーカーとトップ商談を行い、全品買い取りとするなどして、異例のパートナーとの関係構築から開始している。セブン‐イレブンのATM事業やプレミアムPBは、行動を進める以前から誰の目にも成功が確実視されていたプロジェクトではなかったのである。

あるいは、以前のセブン‐イレブンは、若い男性をメインの顧客としており、それに対応した弁当類などを提供していた。しかし時代が移るなかで、セブン‐イレブンは、「今後のコンビニは女性や高齢の顧客にとっての『近くて便利』を提供していくべきではないか」と、ポジショニングの見直しを行い、ミールソリューション型の商品群を本格的に投入し、売上拡大を実現している。「若年男性のとっての便利な店」という従前の成功を支えてきた検証済みのポジショニングを疑う行動が、今のセブン‐イレブンにつながっている。

3‐5　検証済みではなくても行動をはじめる

セブン‐イレブンが、市場の飽和や成熟化を乗り越え、成長を続けてきた背景には、新しい仮説のもとで新しい行動をはじめることに意欲的な姿勢がある。市場とは、個人や組織の働きかけしだいで変容する相互依存的な環境である。つまり市場においては、売り手が行動を変えることで、買い手の側に従前とは異なる行動や反応を生まれることがあるわけで、そのためにナイトがいう第3の不確実性が生じる。そのなかにあってセブン‐イレブンは、第2の不確実性だけではなく、この第3の不確実性の存在も見すえた取り組みを積極的に展開してきた。

第3の不確実性としての事象の生起をめぐる原則の変化は、市場を構成する各種のプレイヤーあるいはアクターの誰かが新たな行動を起こす前に検証されることはない。これに対してセブン-イレブンは、仮説が検証されてからの対応だけではなく、検証済みではない仮説のもとでも試行的な行動を展開することに積極的である（鈴木 2013, pp.219-221）。

市場における第3の不確実性を前提におけば、何か新しい仮説に気づいたらすぐに行動に移り、この新たな行動のもとで何がどのように生じるかのデータや情報をつかみ、その可能性の検討を迅速に行うという取り組みが、市場に潜在している可能性を掘り起こすうえで有用となる。逆に、新しい行動をはじめることよりも、検証済みの確実な仮説にもとづく行動を優先する姿勢では、潜在している可能性を活用する機会を逃したり、出遅れたりすることが多くなる。新しい仮説が、社会や産業を変えるイノベーティブなものであるほど、市場で実際の行動を起こすことなく、検証のために有効なデータや情報を獲得することは困難となる（**コラム1**参照）。

以上で見てきたように、セブン-イレブンでは本社だけではなく、個別店舗においても新しい仮説 －たとえば、時間帯別の顧客層の変化に応じた陳列の変更のアイデアなど ― を日々考え、可能性を感じればすぐに試行的な行動を行い、その結果をPOSデータなどで素早く検証し、成果が確認されれば、他の店舗でも試行と検証に取り組み、効果の確認と仮説の共有を広げていくという、組織的に仮説-検証を展開していく仕組みを早くから構築している。

この仕組みは、第1、第2の不確実性に対処することにも役立つわけだが、第3の不確実性のもとでのマーケティングの機会をとらえることにも有効である。このセブン-イレブンの複眼的な課題対応の仕組みは、同社が長期にわたって成長と収益を両立させてきた要因を考えるうえで興味深い。

3-6 未来は予測できなくても、切り拓くことはできる

市場において、個人や組織は、未来に向けた不確実性に直面する。この不確実性がどのようなものであるかによって、個人や組織が採用するべきアプローチは異なる。

先のくじ引きの寓話に戻れば、壺の中身を入れ替えたり、あるいはルール変更

を行ったりすることが可能なのであれば、マーケティング・リサーチによる検証を徹底的に行い、精度の高い予測のもとで行動を進めようとするアプローチの有効性は確実に低下する。直面しているのが第３の不確実性なのであれば、個人や組織が行動を開始する前の検証の結果は、未来におけるマーケティング上の成果の確実な再現性を保証するものではないし、行動をはじめることによって生じる社会や産業の変化と、そのもとで生じるマーケティング上の機会をとらえたものでもない。

市場において個人や組織が直面するのが、ナイトの第３の不確実性なのであれば、マーケティング・リサーチよりも、市場での行動を先行させたほうが、個人や組織の活動が市場の潜在的な可能性をとらえるうえでの有効性が高まりそうである。そこでは、やってみなければ、何も起こらないし、何もわからないということがあるからである。サラスバシーが見いだした、優れた企業家たちが採用する傾向の強いマーケティングのプロセスは、こうした市場という場に潜む可能性をとらえようとするものだったと考えることができる。

振り返るとナイトは、第１と第２の不確実性を「リスク」と呼び、第３の不確実性を「真の不確実性」と呼び、区別している（Knight 1921, 訳 pp.305-309）。リスクは事前に事象の生起確率の分布を何らかのかたちで知ることのできる不確実性だが、真の不確実性については、実際の行動に先立って、仮説をつくることはできても、正確な検証を行うことはできない。第３の不確実性については、実際に行動をはじめてみなければ、フィールドから収集したデータや情報にもとづく検証の結果を得ることはできないのである。

原田勉は、イノベーションのマネジメントにおける真の不確実性への対応策を検討するなかで、「決定を遅らせる」という処方箋を提案している（原田 2014, pp.48-50）。しかし、決定を遅らせることが、行動を遅らせることであってはいけない。この処方箋は、マーケティング・プロセスにおける市場での行動を先行させ、プロジェクトを通じて達成するべき目的や、到達するべきビジネスモデルなどの決定を遅らせるという提案だと受け止めたい。

3-7 市場での行動を先行させることから、マーケティングは何を手にするか

以上のナイトの不確実性の視角からの検討によって、先のセブン-イレブンの仮説-検証の仕組みには、予測の精度の向上とは異なる役割があったことが見えてくる。第3の不確実性とは、市場では事象の生起が、個人や組織のとる行動から独立しておらず、そのために事象が生起する確率の分布が揺れ動いたり、そもそもどの事象に注目するべきかの重要判断が変化してしまったりする可能性を排除できないという不確実性である[5]。そのために、この不確実性のもとでは、いくら仮説-検証を繰り返しても信頼できる予測は成り立たないということが起こる。

あわせて見逃さないようにしたいのは、他方で第3の不確実性は、市場におけるプレイヤーの日常的な行動、- すなわち手を動かし、ものを運び、説得したり、交渉したりすること - から、新しい未来をつくり出したり、生み出したりしていく可能性を閉ざすものではないということである。いやむしろ逆に、第3の不確実性とは、市場には、このような行動から生まれる創発の可能性があるからこそ生じる不確実性なのである（Miller 2012）。この不確実性から広がる可能性については、本書の第5章以下で検討していく。

かつてP.ドラッカーは「将来は予測できないが、切り拓くことはできる」と語るなかで、ビジネスにかかわる人たちは、先行きがわからないまま、プランニングを行うことに不安に感じることはないと述べている。なぜなら、ドラッカーによれば、プランニングの要諦は完全な計画をつくり上げることではないからである（Cohen 2008, 訳 p.182, p.187）。

戦略計画が万能視されていた時期において、このような境地をドラッカーが披露していたのは、行動に先立って行われるプランニングは、行動をうながすきっかけとしての役割を果たせばよいと彼が考えていたからだと思われる。行動を開始する前のプランに間違いのなさや解像度の高さを過度に求めるあまり、行動をはじめるまでに長々と時間を費やしていると、行動から生まれるはずの創発性が

もたらす可能性をとらえることに出遅れてしまうことになりかねない。企業家は、仮説的で暫定的なプランニング − ただしそれは、プロジェクトにかかわる人たちの共感を呼ぶものであることが望ましい −から生じた行動の結果を受けて、さらに必要な修正をプランに加え、次なる行動を試み、再びプランのブラッシュアップを行うという繰り返しを通じて、未来をたぐり寄せていけばよいのである。このような姿勢でプランニングの問題とかかわっていれば、新たな行動に踏み出すことに出遅れることはない。

市場では、決定をあせらず、暫定的な仮説のもとで行動をはじめればよいわけで、そこから未来が拓けていく可能性が否定できない。その背後にある第３の不確実性の問題は、市場や社会の各所に潜在しており、かつさまざまな人たちの新たな行動から掘り起こされていく。市場での行動を先行させることで企業家的なマーケティングは、この第３の不確実性の裏側にある機会を、他者に先駆けて手に入れていく可能性を生み出す。

SECTION 4　第３の不確実性のもとではどのように行動すべきか

4-1　エフェクチュエーションの５つの行動原則

『エフェクチュエーション』と『マーケティングの神話』の両書には、もうひとつの重要な共通点がある。それは両書が実践志向の理論書だということである。両書は、なぜSTPマーケティングが機能しない局面があるか（why）を説明するだけではなく、市場における第３の不確実性のもとでは、個人や組織はいかに行動すべきか（how）につながる言及も行っている。

そこでは、マーケティング・リサーチよりも行動を先行させるとはいっても、やみくもに行動を起こすことが推奨されているわけではない。どのような行動が必要であり、いかに必要な行動を起こしていくのか。サラスバシーは、市場では

図表2-5　5つの行動原則（エフェクチュエーション）

1.「手中の鳥」の原則
　・徹底して手元にある手段の有効性を考える。
2.「許容可能な損失」の原則
　・予想される利益の最大化をめざすのではなく、どの程度の損失までなら耐えられるかを計算し、投資を抑える。
3.「クレイジーキルト」の原則
　・あらかじめ決めたコンセプトや目標にはこだわらす、行動しながら何の絵を描くかをパートナーとの関係性のなかで決めていく。
4.「レモネード」の原則
　・失敗をしたら、失敗から価値を引き出すことを考える。
5.「飛行中のパイロット」の原則
　・自動運転に頼らず、日々の振り返りを怠らずに前進を続ける。

出所：Sarasvathy（2008）訳 pp.19-21にもとづき筆者作成

第3の不確実性が無視できない以上、企業家が新たな事業を立ち上げたり、新製品を市場に導入したりする際には、以下のような行動をとることが合理的であり、彼女自身のフィールド調査からも熟達した企業家はこれらの行動をとる傾向があることが確認できることを指摘する。サラスバシーはこれらの企業家的行動を、以下の5つの原則にまとめている（**図表2-5**）（Sarasvathy 2008, 訳 pp.19-21, pp.94-124）。

◉―― 4-1-1　手中の鳥の原則（The bird-in-hand principle）

サラスバシーたちの調査によれば、熟達した企業家が新たな事業を立ち上げたり、新しい製品やサービスを市場に導入したりする際には、手もとにある既存のリソースを用いてできることを行うようにするという、手段主導の行動を採用することが多い。この企業家の行動は、STPマーケティングなどの経営理論の主流が、目的主導のアプローチであることと対照的である。目的主導とは、手段よりも目的を優先し、まずは戦略的に目的を設定し、その達成のために必要な最適な手段を、既存のリソースに縛られずに獲得していく行動である。目的主導と手段主導の2つの行動のあいだには、プロジェクトの開始にあたって、必要となる最高の人材やパートナーやシステムを獲得することに重点を置くか、すでに利用可能な人材や人脈やシステムを転用することに重点を置くかの対立がある。

たとえていえば、手段主導とは、日々の家庭の台所において、冷蔵庫の残り食材などをもとに献立を考えるような行動である。これに対して目的主導とは、クリスマス・ディナーなどのハレの日の食事のために、料理本のレシピなどをもとに食材の買い出しに出かけるような行動である。限られた特別な日以外の日常生活において人々は、ビジネススクールが教えるような行動ではなく、この手段主導の行動をとっていることが多いと思われる。

手中の鳥の原則は、人々が日常生活のなかでとっている行動に近く、スタートアップやイノベーションを導く熟達者の行動原則としては頼りなく思えるかもしれない。しかしこの行動原則は、続く４つの行動原則と組み合わせると、目的主導の行動からは生まれにくい効果が増幅していく。さらにいえば、これらの４つの行動原則についても、その一つひとつを個別に取り出してみれば、存外と普通であり、ビジネスパーソンの日常的な行動と変わらないようにも思えるわけだが、それらをミックスすることで、エフェクチュアルな行動を活性化する相互補完的な関係が生まれる。エフェクチュエーションの５つの行動原則がとらえているのは、この組み合わせ、すなわち「三本の矢」ならぬ「五本の矢」の効果なのである。

◉――4-1-2　許容可能な損失（Affordable Loss Principle）

熟達した企業家は、より大きな利益を求めて、リスクをとって大きな投資を行うのではなく、どの程度の損失であれば許容可能であるかを考えて、その範囲に投資を抑えることが多い。企業家が新たに立ち上げる事業や、市場に導入する新製品は、思いどおりの結果を確実にもたらすわけではなく、企業家は少なからぬ確率で損失に直面する。企業家は市場の未来を確実に予測して、行動をはじめることができるわけではないのである。

一方で、こうした失敗や損失に直面しても、企業家には、ねばり強くプロジェクトを継続していくなかで、後述するクレイジーキルトの原則やレモネードの原則に沿った行動を編み出していく可能性が残されている。この潜在する機会を手にするためにも、損失は許容可能な範囲に抑えておかなければならない。

そして熟達した企業家が、プロジェクトに取り組む際に、すでに利用可能な人材や人脈やシステムを転用することに重点を置きがちなのも、許容可能な損失の範囲で行動する意義を理解しているためだと考えられる。手中の鳥と許容可能な損失の組み合わせが、その後の企業家の柔軟な行動を可能にするのである。

とはいえ、手中の鳥と許容可能な損失の組み合わせだけでは、プロジェクトが飛躍的な拡大を遂げることはないかもしれない。そのために熟達した企業家は、さらにクレイジーキルトの原則やレモネードの原則に沿った行動にも挑んでいくことになる。

◉—— 4-1-3 クレイジーキルトの原則（The crazy-quilt principle）

熟達した企業家は、手中の鳥の範囲で人や資金や物材や情報などの各種のリソースとの接触を開始し、パートナーの参加をうながし、彼らと共同しながら行動を進めることが多い。そしてこの行動の結果を踏まえながら、何を成し遂げるのか − すなわち、事業やプロジェクトの目的 − を、パートナーとの関係性のもとで随時見直すことを怠らない。この企業家の行動は、経営理論の主流が、事後の見直しよりも、事前の目的や計画、そしてそのもとで達成すべき目標（KPI）の設定や作成を重視していることと対照的である。

熟達した企業家が、新たな事業を立ち上げたり、新製品を市場に導入したりする際には、あらかじめ定めた方針には拘泥せず、プロジェクトを進めていくなかで、パートナーとして参加してくれるのは誰かに応じて柔軟に目的や計画を見直すようにするという、枠組みには縛られない行動をとることが多い。クレイジーキルトとは、布を不規則に縫いつけ、刺繍を施したりしながらつくり上げていく観賞用のキルトである。ジグゾーパズルなどのように、完成型となる図柄があらかじめ定まっているわけではない。パートナーの巻き込みを優先し、描く図柄はその進捗に応じて決めればよい。サラスバシーは、熟達した企業家に見られる、この事前の目的や計画に縛られない行動の進め方を、クレイジーキルトになぞらえている。

こうした柔軟性は、熟達した企業家彼が、手中の鳥を用いた、許容可能な損失の範囲で行動を進めていることと関連している。そして、そこから生まれる余裕があるために、熟達した企業家は、第３の不確実性という事前の予測が極めて困難な問題に、進行していくプロセスのなかで柔軟に対応していくことができるのだと考えられる。

◉── 4-1-4　レモネードの原則（The lemonade principle）

さらに熟達した企業家が、新たな事業を立ち上げたり、新製品を市場に導入したりする際には、偶然を活用し、場合によっては失敗を逆手にとるような行動をとることが少なくない。偶然を避けたり、克服したりしようとするのではなく、そこから新たな価値を引き出そうとするのである。この企業家の行動は、経営理論の主流が、不測の事態に出会わないようにするために、事前に不確実性を低下させる取り組みを重視していることと対照的である。

企業家にとっての市場での課題は、予測の困難な第３の不確実性を活用することであり、不測の事態との遭遇を回避することに過度な時間や労力を投じない姿勢は当然だといえる。市場における第３の不確実性の源泉が、プレイヤーと環境の相互作用にあるのであれば、想定外の事態に直面しても、企業家はさらに新たな行動を起こすことで、より大きな果実を獲得していくこともできるはずである。起業や新規事業を進めていくプロセスにおいては、想定外の事態に直面したとしても、柔軟に対応すれば、プロジェクトに潜在していた価値を新たに引き出していくことができる機会は少なからずある。

このような柔軟なプロジェクト進め方を、戦略計画は許容しない。戦略計画は、事前に行う予測や計画の練り上げによって、プロジェクトが不測の事態に直面する可能性を可能な限り低下させようとする。しかし、こうした戦略計画にもとづくプロジェクトでは、リスクを低下させることはできても、第３の不確実性がもたらす企業家にとってのポジティブな可能性を引き出すことはできない。これに対して、エフェクチュアルな企業家は、手中の鳥を用いて、許容可能な損失の範囲で、クレイジーキルトのように活動を進めていくことで、市場に潜む第３の不確実性から生まれるマーケティング上の可能性を、可能な限り引き出そうとする。

◉── 4-1-5　飛行機の中のパイロットの原則（The pilot-in-the-plane principle）

最後に熟達した企業家は、新たな事業を立ち上げたり、新しい製品やサービスを市場に導入したりした後も、各種のデータや情報の推移から目を離さず、事後の振り返りを欠かさないようにすることが多い。この企業家の行動は、経営理論の主流が、あたかも自動操縦を可能とするかのようにマーケティングや経営の活動を事前にプログラム化したり、計画化したりしようとすることと対照的である。

STPマーケティングに限らず、多くの経営理論は、正確な予測を確立することから戦略計画を作成し、この計画にもとづく活動を進めようとする。21世紀のデジタル・ワールドに広がる獲得可能なデータや情報の増大と分析能力の向上は、一面でこの事前の予測の精度の向上に寄与してきた。しかし他方で、予測ではなく、事後的なフィードバックによって各種の活動を導いていく能力についても、反応の速度や統合の範囲の拡大が生じている。デジタル他が進行していくなかでマーケティングそして経営においては、事後的なフィードバックから活路を切り拓いていく可能性が高まっていることを見落とさないようにしたい。

このデジタル・ツールを活用したプロジェクトの素早い振り返りと、統合的な軌道修正のための組織の制度を整えておくことの意義は、先に見たセブン-イレブンの仮説-検証の仕組みなどに見いだすことができる。そこでの企業家の役割は、飛行中のパイロットのように、進行中のプロジェクトの時々刻々と進む事態の推移から目を離さず、手中の鳥を活用しながら、許容可能な損失の範囲で、クレイジーキルトのように活動を進めていくために、失敗を転用していくことである。

そして、こうした飛行中のパイロットのように、日々マーケティングの結果を振り返ることができる体制が整っている組織などでは、許容可能な損失の原則やクレージキルとの原則に沿った行動がとりやすくなる。不確実性に満ちた市場では、想定外の事態や失敗への直面を完全に回避することは難しい。しかし、飛行中のパイロットのような迅速な振り返りが可能であれば、損失が小さいうちに適切な軌道修正をはかることが可能になる。

4-2 もうひとつの行動原則

一方で石井は、STPマーケティングとは別に企業の開発担当者が検討すべき行動原則として、「意味構成・了解型の行動」、そして「共感的・対話的な理解」の2つを提示している（石井 1993, pp.84-85, pp.135-137, pp.318-321)。第1の意味構成・了解型の行動とは、経験的妥当性の検証は後回しにして、予兆的あるいは断片的な情報群からのひとつの意味の構成を通じて行動をはじめることを指す。石井はこの行動原則を、公理や経験からの演繹や帰納によって行動の道筋を見いだそうとするアプローチと対比しながら提示している。

第2の共感的・対話的な理解とは、対象に寄り添い、自らが変わることで、物事の新しい意味をつかみとろうとする行動である。石井はこの行動原則を、常識のなかで一般化された命題を鵜呑みにしてしまう行動と対比しながら提示している。

エフェクチュエーションの行動原則と比較してみよう。まず前者の意味構成・了解型の行動については、エフェクチュエーションと共通するところの多い行動原則だといえる。意味構成・了解型の行動は、やりながら見つけるという姿勢において、エフェクチュエーションの行動原則、すなわち手近なところで実行可能な行動を起こすことで、動き出した事態のなかで、方針を転換したり、計画を練り直したり、新たな目的を見いだしていったりするという流れを生み出す行動原則と親和性が高い。これに対して後者の共感的・対話的な理解については、エフェクチュエーションには類似の指摘は見当たらない。この違いはどこから生じているのだろうか。最後にこの問題を考察し、本章を閉じることにしよう。

4-3 無限後退問題を乗り越える

『エフェクチュエーション』と『マーケティングの神話』の共通点は、両書が市場における第3の不確実性を見すえていることである。市場という場の成り立ちを考えると、そこでは個人や組織といったプレイヤーの行動が、行動の前提と

図表2-6　無限後退の構図

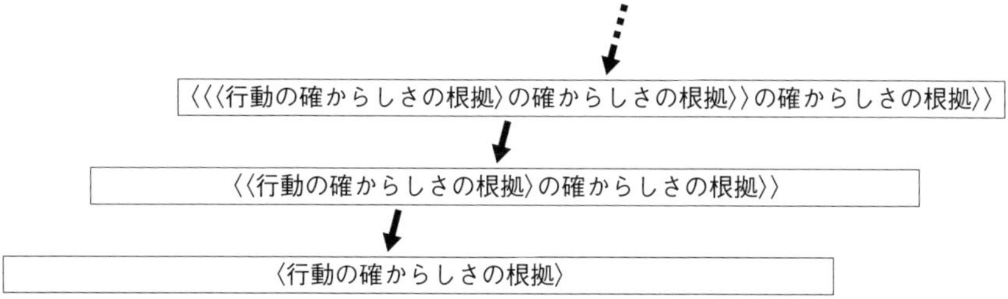

出所：筆者作成

なる事象の生起確率の分布に影響をおよぼすことが避けがたく生じる。第3の不確実性は、この相互依存性、すなわち何を予測の対象とすればよいかが、予測を行う観察者の働きかけしだいで変化する可能性があるという[6]関係（石井 2014, pp.266-267）に根ざしている。

石井がここから、共感的・対話的な理解の重視へと進んでいったのは、市場に第3の不確実性をもたらす相互依存性が、無限後退の問題を引き起こすことを見すえていたからだと考えることができる。無限後退とは、ものごとの正当化を行おうとする時に、その説明が無限化してしまい、正当化の根拠にたどり着くことができないという問題である（大澤 1994, p.313; 栗木 2003, p.167, pp.210-211; 石井 2012, p.177; 栗木 2012c, pp.191-192）。

この問題は、市場との相互依存的な関係のもとにあるプレイヤーが、新たな行動の根拠を求められた時に先鋭化する。石井は後に、H. サイモンを引用しながら、「エフェクチュアルなプロセスにある行為者は、…不安に怯えながら、数フィート先しか照らさない光の中で暗闇の未来を見ている」と述べている（Simon 1996, 訳 p.187; 石井 2022, p.211）。プレイヤーが提示する行動の根拠の確からしさを示すためには、さらなる根拠の提示が必要となるわけだが、その提示をもってこの確からしさの追求が終了するわけではない。この根拠の根拠には、さらに…、というかたちで続く無限の検証が避けがたく生じる（**図表2-6**）。第3の不確実性の成り立ちを考えると、これに挑もうとするプレイヤーには、市場を自らの行動から切り離された外部として設定することは許されないからである。すなわち、そこには自己による自己同定と同様の無限ループ問題が出現するわけであり、そしてそこに残されるのは、プレイヤーが踏み出そうとしている新たな行動の正当化の困難であり、その結果としての新たな行動への不安である。

石井がこの問題に敏感だったのは、その研究の対象が、比較的規模の大きい企業のマーケティングや商品開発の担当者だったからだと思われる。個人企業家であれば、この不安を自身の心のうちで ― ごまかしたり、何かにすがったりしながら、主観的に ― 克服したり、緩和したりして、新たな行動へと進み、その先において、ドラッカーのプランニングの秘訣のように、事後的に臨機応変な方針の見直しを行うというアプローチを採用することもあり得ないわけではない。だが、それなりに大きな企業などの組織の担当者の立場としては、まずは組織の内外の関係者に自身の計画や見通しを提示し、彼らを説得し、巻き込まなければ、そもそも行動をはじめることすらままならないのである。第3の不確実性は、企業のなかでプロジェクトを、責任をもって前に進める主体性が容易に確立できなくなるという問題を引き起こす。

この問題から抜け出す方法があるとすれば、それは、問題の対象を客観的に把握するアプローチを断念することであろう。企業のマーケティングや商品開発の担当者などが周囲を巻き込みながら、マーケティング・リサーチなどの対象である顧客に深く共感し、あたかも自らが顧客であるかのように感じたり、考えたりすることができる状態が生まれていけば、無限後退の一時的な断絶が生じ、この問題に悩まされることはひとまずはなくなる。こうして主体が客体と一体化するような再帰的な循環が構成されれば、客観的な一般問題としてではなく、少なくとも当事者たちにとっての認識上は、無限後退問題を意識する必要がない自明の現実を構成できる（栗木 2003, pp.75-84, pp.141-143, pp.206-214; 石井 2012, pp.199-209; 栗木 2012c, p.164, pp.208-209）。

社会や産業を変えるような起業、あるいは新規事業や新製品の開発に求められるのは、一般的な再現性ではない。それは、局所的な状況のもとでの成果であってもよいことを考えれば、この無限後退問題への対処方法は合理的だといえる。

石井は後に、この合理性を活用するうえで、日本語に色濃く残っている中動態がもたらす展開に注目するようになっていく（石井 2022, pp.220-223, pp.315-318, pp.327-330)。中動態とは、能動態とも受動態とも異なる、文の態であり、國分功一郎によれば、インド＝ヨーロッパ語の古語にはあったが、現代の英語には存在しない。國分は、この中動態を、文意における「主語が、ある過程の内部にあることを示す」態だという（國分 2017, pp.93-94, pp.172-177, p.192）。

この中動態が示す行動のあり方は、揺らぐことのない意志をもってものごとを進める主体としての振る舞いではなく、なるようになるプロセスに応答しながら、ものごとを進めていくというものとなる。対象に働きかけ、対象が変わることで、自らも変わり、この応答のなかに物事の新しい意味をつかみとっていく。この共感的・対話的な行動は、対象に寄り添いながら、あたかも自他が一体化したかのような感覚を生み出す一方で、無限の責任と応答への恐れを遮断することを可能にする。

こうした対象との一体化には、擬似的で主観的ともいえる対象への没入が必要であり、人間としての想像力を駆使しなければ、いかに客観的なデータや分析を積み重ねても生じない。この共感的・対話的アプローチには、客観性が欠けていることを批判することは容易である。しかし、ここでいかに客観性を取り繕ったところで、第3の不確実性から生じる無限後退問題を突破するには役立たないことも、またたしかである。

SECTION 5 結論

5-1 マーケティングを通じてイノベーションを実現するための行動のあり方

市場とのかかわりのなかで出現するナイトの第3の不確実性は、個人や組織による未来の予測を困難にする。この困難はSTPマーケティングの戦略計画的な発想に限界をもたらす。

だがこれは、個人や組織には市場において新たな未来を切り拓く可能性が常に残されていることと、表裏一体の問題である（Miller 2012）。市場に第3の不確実性が渦まいているからこそ、社会や産業や企業に、J. シュンペーターがいう「新結合」（Schumpeter 1926, 訳 pp.182-183）による新たな展開が生まれる。そこでは、戦略計画にもとづくSTPマーケティングに限界が生じる一方で、異なる発想で行動を起こせば、マーケティング発のイノベーションを活性化する行動が生まれる可能性が芽生える。

本章では、市場において個人や組織が、マーケティングを通じてイノベーションを実現するための行動のあり方を、『エフェクチュエーション』と『マーケティングの神話』の両書を手がかりに検討した。各種のプレイヤーの行動の相互作用から生まれる系から、市場の未来が内生的に創発していくのであれば、それに応じて、自らが立ち上げた行動、そして事業やプロジェクトの目的は柔軟に見直していくべきだし、目的の達成の決め手となる要素を早々に確定して、計画を固めてしまうことは避けたほうがよい。この第3の不確実性に由来する可能性に、個人や組織が挑み、対処していく際には、まずは失敗を恐れずに、手近なところで実行可能な行動に時間をかけずに取り組み、その結果として動き出す新たな事態を見すえるべく、データや情報をすばやく収集したり、分析を行ったり、さらなる目的を見いだしたりしながら、計画の策定を俊敏に練り直す、エフェクチュアルな行動が有効となりそうである。

5-2　マーケティングのA面とB面

マーケティングを通じて、個人や組織が直面するナイトの第3の不確実性に対処し、そこに潜在するイノベーションの可能性をとらえるためには、STPマーケティングだけでは限界がある。だが、このような主張を行う『エフェクチュエーション』と『マーケティングの神話』をていねいに検討すれば、そこではSTPマーケティングがまったく無用となることが主張されているわけではないことに気づくはずである。STPマーケティングは万能解ではないが、その限界を補完する回路に目を向けることで、マーケティングの健全な発展が生まれる。

市場には、ナイトの第3の不確実性が大きな問題とはならない領域が少なからずある。高い再現性が期待できる知見の入手が可能なのであれば、その活用を進めるべきである。企業家が市場とかかわる際にはSTPマーケティングや戦略計画の発想を活用することの有効性は少なからずある。だがこの有効性は、マーケティングのA面である。

マーケティングには、B面もある。新たな競合企業が出現したり、政府の政策に転換が生じたり、利用可能な技術や資源の変化が生じたり、社会の価値観が変容したりする可能性の完全な予測は難しい。そして、どのような行動を選択すれば当初の目的が達成されるか、さらにいえば、将来にわたって自らの目的を変化しないものと考えてよいか、といったことが不明ななかで、個人や組織は行動を開始しなければならないことも少なからずある。

このような場合に、STPマーケティングのような戦略計画的な発想だけで行動を進めることには限界があるし、そこに潜在している大きな問題は、企業家的機会を取り逃す恐れがあることである。そこでSTPマーケティングを補完するためのアプローチとして、エフェクチュエーションが示すような行動原則の活用が求められるようになる。

さらに本章では、このマーケティングのB面に広がる可能性を、企業などの組織がとらえるには、無限後退の問題に由来する不安を乗り越える必要があることを確認した。企業家にとっては、大きな組織に属することは、リソースの拡大であるともに制約なのである。本章の理解から浮かび上がってくるのは、企業などの組織におけるマーケティングや商品開発などの担当者たちが、対象となる顧客に寄り添い、対象に一体化するような共感の獲得を志向するマーケティング・リサーチという、中動態につながる新たなリサーチの構想の必要性である。この企業家のためのマーケティング・リサーチの問題については、続く第3章でさらに検討を重ねる。

（1）本章は栗木（2015b）をもとに大幅な加筆修正を行ったものである。

（2）W. ダガンによれば、M. ポーターの『競争の戦略』は、事業や企業の経営における戦略計画を支える分析の典型を示している。（Duggan 2007, 訳 pp.152-153）。ポーター自身の説明によれば、『競争の戦略』とは、次のような書籍である。
「この本は、企業がその属する業界を全体として分析し、業界の今後の変化を予測し、競合他社と自社の競争上の地位を理解し、この分析を特定企業の競争戦略に練り上げるための分析手法を、広い視野から説明しようとしたものである」（Porter 1980, 訳 p.4）
このように述べたうえでポーターは、この分析手法は、戦略計画、すなわち戦略の策定を明示的な作業計画のもとで行い、職能部門の政策を、何らかの共通目標のもとで指示するアプローチに貢献するものだと語る（Porter 1980, 訳 p.3）。
H. ミンツバークは、この戦略計画というアプローチが合理的だとされてきたのは、以下の4点が事業や企業の経営において可能だと信じられてきたからにすぎないと指摘している。（1）システマティックにプログラム化することができる。（2）思考と行動の分離、戦略と日常業務の分離、そして考案者と実行者の分離を行うことができる。（3）自社と環境に関する詳細な事実を定量的に集計したハード・データを利用できる。（4）戦略作成の背景にある状況は安定的であり、少なくとも予測可能なので、その進め方を事前に決定できる（Mintzberg 1994, 訳 pp.246-250）。

（3）「Effectuation（エフェクチュエーション）」は、日本語に置き換えることが難しい言葉である。Effectuation の対立概念である Causation（コーゼーション）は、ものごとの原因をしっかりと把握してから行動に取りかかろうとするアプローチであり、「原因論」とでも呼べばよさそうである。ところが、これにならって、Effectuation を「結果論」と訳すると、結果がわかってからの後付の説明と混同されてしまう恐れがある。翻訳書の『エフェクチュエーション』では「実効論」という訳語が副題に用いられているが、この訳語も日本語として直感的にわかりやすいとはいいがたい。日本語として effectuation の意味に近いのは、「やってみなはれの精神」ではないかと思うが、これも有名な経営者個人を想起させる言葉であり、背景やつながりの混同を引き起こす恐れがある。したがって、本書では Effectuation に訳語は用いず、「エフェクチュエーション」と表記する。

（4）安富歩は、「ものごとを事前によく調査し、それを元に計画を立案し、十分に吟味し、そのうえで実行し、成果を評価する」アプローチを、「計画制御」と呼び、人間が関与する事態への人間による計画制御の適用は、原理的に機能し得ないと述べている（安富 2006, p.109）。この計画制御の論理の構成も、戦略計画やコーゼーションと共通する。

（5）市場では事象の生起が、個人や組織のとる行動から独立しておらず、そのために、個人や組織が行動を進めるなかで、事象が生起する確率の分布が揺れ動き、何が重要な事象であるかも変化してしまうという可能性を排除できない。これは、別のいい方をすれば、市場においてマーケティング・リサーチは、リサーチャーの内部性の問題と懐疑論的関係の問題に直面するということである。この2つの問題がある時には、批判的合理主義のリサーチ・プログラムを採用することの妥当性は低下することになる（栗木 2012c, pp.183-202）。

（６）第３の不確実性は、個人や組織の行動から引き起こされることについてはすでに述べてきた。さらにいえば、市場において何を予測の対象とするべきかをめぐるゲームチェンジを引き起こすプレイヤーの行動についても、意図的なものに限定されないはずである（栗木 2012c, pp.65-67）。

COLUMN

コラム１：行動が変えたシスメックスのビジネスモデル

企業家が行動を進める際に直面する不確実性は、外部からもたらされるだけではなく、企業家が行動を起こした結果として、事業の前提条件が変化してしまうことによっても生じる。未来が予測できなくても行動を進めてみることで、市場に潜在している可能性が掘り起こされたりするのは、そのためである。セブン－イレブンの「とにかくやってみよう」という姿勢は、この可能性の掘り起こしを意図したものだと考えられる。

こうした市場の潜在性は幅広い産業において出現する。これはセブン－イレブンのような消費者向けサービス事業に限定されない問題である。このことを確認するために、医療用機器製造業というセブン－イレブンとは異質性の大きい産業に属するシスメックスの事例（栗木 2021d）にも目を向けておこう。

シスメックス株式会社は神戸市に本社を置く医療用機器メーカーである。2022年度には売上が4,105億円と、10年前の2012年比で2.8倍の成長を遂げる一方で、営業利益率は17.9％と高い水準を保っている。

シスメックスの事業の主力は、ヘマトロジー（血球計数）をはじめとする医療用検査機器事業である。血液検査に用いる機器などをグローバルに販売することで、成長性と収益性の高い事業を実現している。

シスメックスのビジネスモデルは、検査機器本体に加えて、消耗品の試薬、さらにはアフターサポート・サービスで稼ぐリカーリング・モデルである。リカーリング・モデルとは、たとえば安全カミソリなどのように、本体に加えて消耗品を販売することで売上を高め、安定させる収益モデルである。このモデルでは、本体の販売に加えて、各種の消耗品、あるいはメインテナンス・サービスなどの販売が見込めることから、事業の収益源が複数化し、安定性が高まる。

現在のシスメックスは、このリカーリング・モデルで、高収益を安定したかたちで実現している。しかし、これは静止画としてのビジネスモデルである。続いてこのビジネスモデルがどのようにしてできあがってきたかの動画も見ておこう。

現在では、ヘマトロジー分野の医療用検査機器の事業で世界シェア・トップのシスメックスだが、1990年代までは、当時の世界の王者だったコールター社を追う二番手以下の地位に甘んじていた。1990年代前半のシスメックスの売上は200億円程度で、機器の販売は国内を中心としていた。とはいえ、営業利益率は10%以上と健全な経営を続けていた。

この時期にはシスメックスも、コールターに劣らない機能や品質の検査機器を製造するようになっていた。しかし、国内においても、大規模医療機関向けの市場においてはコールターの後塵を拝していた。コールターの機器と同等というだけでは、ヘマトロジーのパイオニアであるコールターの名声に負けてしまう。

一方で、シスメックスは中小規模医療機関向け市場で、営業やアフターサービスをきめ細かく行うことで、国内市場を中心に一定の地位を確保していた。これは事業効率という点では手間のかかる市場だが、シスメックスはそこに活路を見いだし、一定の事業規模を確保していた。

転機となったのはロボティクスの導入である。シスメックスは、それまでにコールターと競い合っていた検査機器の機能や品質とは、別のところでの新結合の機会を見いだす。シスメックスが開発したのは、人の手の動きを再現したアームを検査機器につけ、これらの複数の機器を搬送ベルトによってつないだシステムである。

このシステムでは、検査技師が検体の入った複数の試験管をラックに並べて搬送ベルトに置くと、後は自動で検査が進んでいく。ベルト上をラックが行き来し、アームが試験管を取って、血液を振り混ぜて検査機器にセットし、検査が終われば試験管をラックに戻す。この行き来を繰り返すなかで、何本もの検体の検査が進んでいく。検査データは機器から自動的にコンピュータに送られ、分析される。

このロボティクスのメリットが大きかったのは、大規模医療機関である。

大規模医療機関の検査室の規模は大きい。何台もの検査機を並べ、複数の検査スタッフが作業にあたっていた。ロボティクスは、こうした大きな検査室において、スタッフの効率的な活用に威力を発揮する。

ロボティクスの導入によって、シスメックスはコールターの牙城である大規模医療機関への営業上の攻勢を強める。結果は上々であり、そこから、シスメックスはビジネスモデルの転機につながる気づきを獲得する。規模が大きくなれば、「試薬」が収益源としても重要になることに気づいたのである。

それ以前のシスメックスは、検査機器に合った専用試薬の提供が、正確な検査結果を顧客に提供するために不可欠となると考えていた。しかし、ヘマトロジーの試薬は単価が低く、収益源としては重要視されていなかった。

ところが、ロボティクスを契機に、検査数が桁違いに大きい大規模医療機関によるシスメックス製品の採用が広がる。検査数が多い分、これら機関における試薬の使用量は大きく、シスメックスが受注する試薬の量も大きく拡大した。そのなかでシスメックスは、規模が大きくなれば、試薬は収益源として重要となることを認識したようである。この時期にシスメックスは、ヘマトロジー以外の免疫や凝固分野でも試薬の開発や生産の強化に乗りだし、競合する検査用試薬メーカー国際試薬の買収を進める。

こうして機器に加えて消耗品でも稼ぐという収益モデルを確立したシスメックスは、その後も手綱を緩めなかった。インターネット経由で機器をモニタリングすることによるアフターサービスなどを充実させ、機器を販売した後に広がるアフターマーケットの取り込みを着実に進めていく。

こうしたアフターマーケットの規模の経済性の問題のように、ビジネスにおいては、フィールドでの行動を進めることによって、事業の前提となる条件が変化することが少なくない。そのために事業を開始した後も状況の振り返りを絶やさず、時機に応じてビジネスモデルのあり方の見直し、新たな展開に挑むことが、さらに大きな事業の成長につながることがある。

Chapter 3

第3章 マーケティング・リサーチがもたらすイノベーションの活性化

SECTION 1 はじめに (1)

イノベーションは、社会や産業に新たな成長や展開をもたらす起爆剤となる。たとえば、アマゾンのネット通販、アップルのスマートフォンが登場したことによって、私たちの生活やビジネスのあり方は大きく変わった。日本においても日清食品のカップヌードル、ソニーのウォークマン、トヨタのプリウスなど、数々のイノベーションが社会や産業に新たな成長や展開をもたらしてきた。

本章では、バリュー・イノベーションのためのマーケティング・リサーチのあり方を検討する。イノベーションには大別すると、技術の新規性に由来するテクノロジー・イノベーションと、市場の新規性に由来するバリュー・イノベーションがあるが（Kim & Mauborgne 2017, 訳 pp.47-51)、本章では後者のイノベーションに焦点をあてた検討を進める。バリュー・イノベーションのプロセスにおいては、従前からのマーケティング・リサーチにおいて主流のアプローチであった「予測のためのマーケティング・リサーチ」のほかに、企業家の行動の省察、市場における逸脱事象との遭遇、そして観察対象との一体化を通じて、「市場実験を活性化するマーケティング・リサーチ」が活躍することになる。本章では、この従前からの主流派とは異なる新しいマーケティング・リサーチがなぜ必要となり、そこからどのような可能性がもたらされるかを、ネスレ日本株式会社の「ネスカフェ アンバサダー プログラム」の事例などを踏まえて検討する。

テクノロジー・イノベーション、すなわち技術革新が、マーケティングにもたらす効果は否定でできない（Day 1999)。また、テクノロジー・イノベーションの推進のためにマーケティング・リサーチが果たす役割もある。そのなかで本章は、テクノロジー・イノベーションを必ずしも必要としないイノベーションであるバリュー・イノベーションに注目し、そこに貢献するマーケティング・リサーチのあり方を検討する。

SECTION 2 イノベーションとは何かを問うことから見えてくる、リサーチのあり方

2-1 市場実験というアプローチ

本章では、イノベーション、なかでもバリュー・イノベーションに貢献するマーケティング・リサーチのあり方を検討する。現在では、企業規模の大小や産業分野を問わず、多くの企業がマーケティング・リサーチを活用するようになっている。しかしマーケティング・リサーチは、万能の道具ではない。その特性を踏まえて、用途に応じた活用を行うことが求められる。

以下では、デジタル技術の発展とともに、マーケティングの領域からイノベーションを活性化していくためのリサーチとして、市場実験という一種のシミュレーションにもとづくアプローチの有効性が増していることに注目する。シミュレーションとは広くとらえれば、大規模なシステムを小さなモデルを用いて研究する技法（Simon 1996, 訳 pp.17-22）である。このシミュレーションには、コンピュータ上などに再現される模擬環境のみならず、実際の市場でプロトタイプを用いて実験的に行う知見の収集なども含めることができる。こうした実際の市場における実験のマーケティングへの活用は、通信と情報処理にかかわる技術やインフラの発展が進むデジタル時代において、一段と容易になっている。そして本章では、こうした市場実験は、製品やサービスを提供する企業の側だけではなく、それらをさまざまなかたちで使用するユーザーたちによっても日々行われていることに注目する。

本章では、このように市場実験を、テストマーケティング – すなわち、新しい製品やサービスの本格的な販売に先立って市場の反応を見るために企業が行う限定的な試行販売 – よりも広い意味でとらえている。また本章は、実験という言葉を、理論や仮説として考えられることを実際に試してみることで知見を得るという意味で用いている。つまり本章でいう実験は、一般的な科学の用語として

の実験、すなわち理論や仮説の厳密な検証のために体系だった研究計画のもとで行う実証科学における実験ではなく、より緩やかで日常的な行為を指している。

さて、マーケティングの領域におけるリサーチが主導できるイノベーションは、テクノロジー・イノベーションではなく、バリュー・イノベーションとなる。バリュー・イノベーションとは、最先端の技術のフロンティアを切り拓くテクノロジー・イノベーションの達成を必須の要件とすることなく、それまでの社会になかった価値を生み出すイノベーションである。テクノロジー・イノベーションに頼らなくても、既存の技術の組み合わせ方を工夫することで実現される市場創造もある。たとえば、スターバックスの新規市場の創造には、最先端技術を一から開発する必要はなかったわけだし、アップルとIBMは新たに誕生したPCのマスマーケットを支配したが、世界初のPCはすでにMITSによって発明されていた（Kim & Mauborgne 2017, 訳pp.47-51）。あるいは、コロナ禍のなかで日常に浸透したZoomや、中古品を日常的に売り買いするライフスタイルを社会にもたらしたメルカリなどのように、技術的に画期的な新しさはなくても、人びとの仕事や生活に変容をもたらしたイノベーティブな製品やサービスはいくつも存在する（内田 2022, pp.14-19）。

マーケティング・リサーチが、こうしたタイプのイノベーション、すなわちバリュー・イノベーションの活性化にかかわろうとするのであれば、市場実験というシミュレーションにもとづくマーケティング・リサーチの可能性や有効性を検討してみるべきである。なぜなら、バリュー・イノベーションに必要なリサーチは、自然科学ではなく、人工物の科学に軸足を置くことになるはずだからである。

2-2 人工物の科学とイノベーション

イノベーションが生まれるのは、伝統的な経済学や経営学の理解にもとづけば、かつてJ.A.シュンペーターが述べたように、誰かが市場などのなかに潜んでいる機会を、ビジネスを構成する諸要素の「新結合」によって顕在化することで、新たな利潤の源泉が掘り当てられた時である（Schumpeter 1926, 訳p.182）。このシュンペーターがいう新結合は、利用できる既存あるいは新規の物や力の新しいかたちでの組み合わせであり、既存の社会や産業に創造的破壊をもたらす。

イノベーションとは何か新しいものを取り入れ、既存のものを変えることだと考えれば、小刻みな改良や改善であっても、そこに新しさがあり、経済的価値が生み出されていれば、それはイノベーションだととらえることもできる。しかし、この漸進的イノベーションは、拡大された広い意味でのイノベーションであり、シュンペーターが扱おうとしていた新しさではない。シュンペーターはこの新しさについて、「体系の均衡点を動かすものであって、…新しい均衡点は古い均衡点からの微分的な歩みによっては到達しえないようなもの」だと述べ、「郵便馬車をいくら連続的に加えても、それらによってけっして鉄道をうることはできない」とのたとえを添えている（Schumpeter 1926, 訳 p.180）。以下本書では、イノベーションという用語を、このシュンペーター流の創造的破壊をともなう社会や産業の変化という意味で用いる。

そして、このイノベーションをもたらす新しい組み合わせは、自然発生的に生じるものではなく、個人や組織の行動から生まれる。イノベーションとは、自然界の現象ではなく、人間によってつくられた環境を新結合によって新たにつくりかえようとする、人工的世界における現象である。

H.A. サイモンは次のように述べている（Simon 1996, 訳 p.5）。

「人工物は自然の法則を無視したり、破ったりはしない。それでいて、人工物は人間の目標や目的に適応するものである。人工物は、空を飛びたいとかおいしいものを食べたいといった、人間の欲求を満たすために存在しているものである。したがって、人間の求めるものが変われば、人工物もまた変化するのであり、その逆についても同じことがいえるのである」

ここでサイモンが指摘している、人間が求めるものが変わると人工物が変化し、人工物が変化すれば、人間が求めるものが変わるという循環する関係は、本書の第２章で取り上げたナイトの第３の不確実性の発生を避けがたくする。したがって、イノベーションのためのリサーチは、自然科学の主流のように、人間の意思や行動からは独立した自然界の法則を解明しようとするアプローチに終始してよいかはよく考える必要がある。特に、技術的には既存のものを活用しながら、その組み合わせを変えることで市場における新たな価値の創造を実現しようとするバリュー・イノベーションにおいては、人間の意思や行為が環境を変化させる人工的世界の特性を踏まえたリサーチが欠かせない。

バリュー・イノベーションのためのマーケティング・リサーチは、環境を個人や組織がつくり変える一方で、このつくり出された環境が次なる個人や組織の行動の前提となるという再帰的な関係が進行するなかで行われる。以下では、このようなプロセスのもとで知見を獲得していくリサーチとして、市場実験という一種のシミュレーションにもとづくアプローチが果たす役割に目を向けてみる。

2-3 マーケティング・リサーチが担う役割

イノベーションの担い手は企業家である。企業家には個人企業家だけではなく、大企業などにおける社内企業家もいる。イノベーションにあたって企業家がとらえる機会を、企業家的機会（entrepreneurial opportunity）という（Shane & Venkatraman 2000; Shane 2003, p.18）。

では、どうすれば企業家的機会をとらえることができるのか。マーケティングにおいて、社会のなかに潜在する機会を広く探索し、検証する役割を担ってきたのは、マーケティング・リサーチである。マーケティング・リサーチは、未来に向けた意思決定における企業家の予測の不確実性を低減することで、よりタイムリーで効率的で、かつ正確なマーケティング上の意思決定をうながすことを期待されてきた（Aaker & Day 1980, 訳 pp.18-19）。そのためにマーケティング・リサーチは、①問題を明確化し、②調査計画を策定し、③データや情報の収集を行い、④それらを分析し、⑤意思決定を行うという手順で進められる（Kotler et al. 2021, 訳 pp.166-184）。

すなわち、典型的なマーケティング・リサーチは、たとえば嗜好テストや売上予測や広告評価などに活用されており、各種の買い手や利用者、あるいは広く一般の人たちを対象としたフォーカスグループ調査や質問票調査やPOS（販売時点情報管理）、さらには公的機関などが公表する統計調査（センサス）などからデータや情報を入手し、統計手法などを用いた分析を行い、その結果を読み解きながらマーケティング上の意思決定に活用するという活動となる。そこに加えて近年では、ウェブ上の口コミや行動履歴などのデータや情報の利用、さらにAIによる分析の導入なども広がっている。

2-4　企業家の必要にこたえるマーケティング・リサーチ

以上のような教科書的なマーケティング・リサーチに対して、「企業家たちはマーケティング・リサーチを必要としない」という指摘がある。水越康介は、歴史上の卓越した企業家たちの語録を挙げる（水越 2014, pp.15-16）。たとえばソニーの創業者の盛田昭夫は、「マーケットサーベイには頼らない。『あなたに何がいりますか』と聞いてつくったんでは遅いんですよ」という言葉を残している。アップルの創業者のS.ジョブズは、「ベルが電話を発明した時、市場調査をしたと思うかい？」と述べている。

同様にS.サラスバシーは、熟達した個人企業家たちへの調査を行うなかで、彼らはマーケティング・リサーチを信用していないという問題に気づいたと述べる。調査に参加した熟達した企業家たちは、市場での意思決定における未来の予測に不信感を示していたという（Sarasvathy 2008, 訳 p.31, p.117）。

イノベーションにマーケティング・リサーチは無用なのか。この問いに向き合ううえで注意したいのは、サラスバシーが指摘しているように、「マーケティング・リサーチ」という言葉を聞いて多くの人が思い浮かべるのが、フォーカスグループや質問票による調査、あるいは行動データやセンサスなどを用いた予測の精度の向上のための調査だということである。先の盛田らのマーケティング・リサーチをめぐる言葉も、こうした教科書的な意味でのマーケティング・リサーチ、すなわち予測の精度の向上のための調査を念頭に置いたものだと思われる。

しかし、予測の精度の向上のための調査だけがマーケティング・リサーチなのではない。バリュー・イノベーションにかかわる企業家が必要とする市場についての情報は、マーケティング・リサーチの典型以外のところから得られることが少なくない。

このことをネスレ日本のネスカフェ アンバサダー プログラムの事例を通じて振り返っていこう。

SECTION 3 ネスカフェ アンバサダー プログラムの事例(2)

3-1 フリーミアム・モデルのコーヒー利用

「ネスカフェ アンバサダー プログラム」は、ネスレ日本が開発したコーヒー利用のプログラムである。このプログラムでは、企業の職場などにおいて世話役となる代表者（アンバサダー）が同僚や周りの人たちなどを利用者として募り、コーヒー・カートリッジの定期購入を条件に申し込みを行うと、審査を経て、レンタル料無料でコーヒーメーカーの「ネスカフェ ゴールドブレンド バリスタ」（以下、バリスタ）が届き、職場で利用することができる。

このプログラムの利用は、2012年のサービス提供開始とともに年々広がり、現在ではアンバサダーの数は40万を超える。そして、このアンバサダーたちの背後には、職場などのバリスタを利用してコーヒーを楽しむ複数の人たちがいる。

ネスカフェ アンバサダー プログラムは、価格政策についていえば、フリーミアム・モデルである。コーヒーメーカーは無料でレンタルされるが、このマシンはコーヒー・カートリッジと組み合わせて利用される。マシンを無料化することで、職場などへのバリスタの普及をうながし、カートリッジの使用と販売を高めることにねらいがある。

ネスカフェ アンバサダー プログラムは、チャネル政策についていえば、セルフサービス型の事業である。浄水の補充、コーヒー・カートリッジの調達、コーヒーメーカーの清掃などのメインテナンスは、顧客であるアンバサダーが行う。一般に、職場に自動販売機やコーヒーメーカーなどの機器を設置し、飲料提供を行う各種のビジネスでは、メインテナンス・サービスは、機器を設置するベンダー企業が行う。しかし、このようなビジネスモデルだと、ベンダー側は、サービス拠点の開設やスタッフの採用など、組織的な体制を整えながら拡販を進めていくことになり、事業拡大には重しがかかる。ネスカフェ アンバサダー プログラムはこの事業拡大の制約が軽く、サービスの開始とともに全国への迅速な事業展開を果たすことにつながっている。

3-2　先行して行われていたコーヒーメーカーの開発

ここで時計の針を少し戻す。ネスカフェ アンバサダー プログラムで用いられるコーヒーメーカーのバリスタは、変化する日本の家庭のコーヒー需要をとらえるために、ネスレ日本によって開発された。なお、この開発が行われた時点では、バリスタというマシンによる職場市場の開拓は構想されていない。

ネスレ日本は、2000年代半ばごろにバリスタの開発に着手している。この当時には、日本では少子高齢化が進む一方で、人口減へと社会が向かうことが予想されていた。一方で世帯数については、増加が見込まれていたが、これは世帯規模の縮小から生じる変化で、一人世帯や二人世帯の増加が続くと見られていた。

ネスレ日本の主力事業は、レギュラーソリュブルコーヒーという、お湯や水に溶かして飲む粉のコーヒーの製造と販売である。これは、家庭に常備し、家族で日々、手軽に高品質のコーヒーを楽しむのに適した製品である。

しかし、この当時には、一人世帯や二人世帯が増加し、大家族でも個食化が進むという食の変化が進行しはじめていた。好きな時に好きなコーヒーを一杯だけ、という飲み方にこたえる必要が高まっていたのである。加えて日本でも、1996年にスターバックスが東京に初出店して人気を集めて以降、カフェブームに乗ってエスプレッソやラテなど、コーヒーの飲み方の多様化が進んでいた。

ネスレ日本はスイスの本社に打診し、共同で新しいコーヒーメーカーの開発を進めた。こうして生まれたマシンは「ネスカフェ・ゴールドブレンド・バリスタ」と名づけられた。このマシンは、使用するコーヒーのカートリッジは同じでも、加圧の切り替えなどによって旨みや風味の引き出し方を変化させることができる。そのためにバリスタを使えば、「今回はエスプレッソ」、「次はラテ」と飲み方を選択して、ボタンを押すだけで一杯ずつ好みのコーヒーを淹れることができる。これは、当時の日本で進行していたコーヒーの消費のシフトに対して、ネスレ日本が編み出したひとつの解だった。

3-3 オフィス市場へのアプローチの開始

ネスレ日本は、バリスタの販売を2010年にスーパーなどで開始し、2011年には家電量販店へと販路を広げた。バリスタの販売は拡大し、国内では販売台数が最も多い家庭用コーヒーメーカーとなる。

しかしネスレ日本は、この成果に安住せず、さらなる成長機会を求めた。当時のネスレ日本は、コーヒーの家庭向け市場には強かったが、家庭外の市場については弱かった。この弱かった市場を、バリスタを使って攻略できないかと考えたのである。

そこでネスレ日本は、オフィスなどの職場市場へのバリスタの営業を試みた。しかし、この試行はうまくいかなかった。営業訪問をしてみても、返ってくるのは、「コーヒーの自販機はすでにある」、「マシンを買ってまで置こうとは思わない」という声だった。

そんな2011年のある日、バリスタ事業のマーケティングの担当者が、東日本大震災の被災地を訪れる。業務とは関係のない、被災地をめぐる移動図書館のボランティアとしての訪問だった。そこでこの担当者は、「仮設住宅に設けられた集会所に集う住人が少ない」という話を聞く。皆、個々の部屋にこもってしまい、日常の交流が活性化しないというのである。

「それならば」と、移動図書館でコーヒーを提供するために持参していた試供品のバリスタを、コーヒーのカートリッジとともに、集会所に置いて帰った。その先の展開について、何か確信や見通しがあったわけではない。移動図書館の残り物が、少しでも役に立てばと思ったのである。

この無料でコーヒーが飲めるマシンは、集会所の様子を変えた。住人たちが集会所に足を運ぶきっかけが生まれ、コーヒーを片手に、マシンの使い方を相互に教え合ったりする機会が生じたことから、集い、声を掛け合う関係が活性化していった。

3-4　テストマーケティングで手応えをつかむ

再び被災地を訪問したバリスタ事業のマーケティングの担当者が、この変化を見聞きしたことで、彼はひとつの気づきを得る。仮設住宅の集会所に、無料でマシンを置いたことから、コーヒーに媒介されて人と人の交流の輪が広がっている。バリスタは、このようなセミ・パブリックな空間において、コーヒーの飲用とコミュニケーションを広げる触媒としての働きをするようだ。

バリスタの事業では、マシンの売上よりも、その後のコーヒーのカートリッジの売上のほうが収益への貢献は大きい。オフィス向けにバリスタを販売するのではなく、無料で提供してみてはどうか。オフィスにバリスタを置くことで、コーヒーの飲用が広がるなら、ネスレ日本にとっても職場市場でのコーヒーの販売機会が拡大することになる。

テストマーケティングがはじまった。小規模にアンバサダーを募り、無料でバリスタを提供してみるテストである。アンバサダーに申し込む人はどの程度いそうか。どのようなタイプの人が手を挙げるのか。職場にバリスタを置くと本当にカートリッジの利用が広がるのか。わからないことは少なくなかったが、行動しなければ何も動かない。テストとして、小規模なプロジェクトを実行してみることにした。ネットでの50名の限定モニター募集、さらには札幌での TV 広告への反響などから手応えをつかみ、2012年秋にはマシン・レンタル無料のアンバサダー プログラムの全国展開に踏み切る。

その後のアンバサダー プログラムは提供するマシンやサービスのバリエーションを増やしながら、応募者を増やしていく。2015年には累計の申込者数が17万人を突破、2020年には40万人を超える。ネスレ日本はコーヒー事業の新たな柱を獲得していく。

SECTION 4 イノベーションを支える マーケティング・リサーチ

4-1 市場の予測のためのマーケティング・リサーチ

以上が、ネスカフェ アンバサダー プログラムを生み出したイノベーションのプロセスの概要である。ネスカフェ アンバサダー プログラムというイノベーションは、可溶性コーヒーの流通サービスの創造的破壊を、最先端の技術の開発に成功したことではなく、すでにあったマシンやカートリッジの提供の仕組みを新結合することで実現していく、バリュー・イノベーションだったといえる。

このようなバリュー・イノベーションのプロセスに貢献するのは、どのようなマーケティング・リサーチか。ネスカフェ アンバサダー プログラムの事業は、事前の予測だけではなく、行動を起こすことから生じる気づきや出会いを活用することで生まれている。ネスレ日本は、自社の事業の拡大の道筋を、プロセスのなかで柔軟に見いだしている。

このネスレ日本の企業家的な行動のプロセスは二面的である。一方では、市場での実際の行動を起こす前にコーヒー市場の将来についての予測を踏まえて行った意思決定が、ネスレ日本がアンバサダー プログラムの開発へと進んでいく活動を方向づけている。先行して、日本の家庭でのコーヒー消費の変化を踏まえた戦略商品としてのバリスタの開発があり、続いてオフィス市場を有望な成長のフロンティアと見定める戦略的判断がある。他方では、アンバサダー プログラムの構想は、当初から存在していたわけではなく、事業を進める試行錯誤のプロセスのなかで編み出されている。行動を進めるなかで、柔軟に可能性を見いだし、新しいビジネスモデルを組み立てている(3)。

このように二面的な行動からなるイノベーションのプロセスに、マーケティング・リサーチはどのようなかたちで貢献できるか。局面に応じて複数のタイプのマーケティング・リサーチを切り替えて活用する必要がありそうだ。

第1は予測のためのマーケティング・リサーチである。イノベーティブな起業や新規事業はエフェクチュアルな行動からしか生まれないわけではなく、ネスレ日本のバリスタの開発のように、戦略計画的な行動からも生まれることがある。

この後者の可能性にこたえるようとするのが、予測のためのマーケティング・リサーチであり、たとえば家庭におけるコーヒーの飲み方にかかわるトレンドや人口動態といった、顕在化している消費の変化などについては、人口統計や産業統計などのセンサス、小売店のPOSやウェブサイトの視聴ログなどの行動データ、SNSや評価サイトでの口コミ、あるいはフォーカスグループ調査や質問票調査などの消費者調査をもとに分析や推計を重ねることで、予測の精度を高めることができる。こうしたリサーチは、事前に各種のマーケティング活動に、将来の課題や販売の見通しをもたらす。将来の課題や見通しを予測し、対応しようとすることが、ネスカフェ アンバサダー プログラムにおいてはイノベーションのきっかけとなっている。

4-2　行動の省察のためのマーケティング・リサーチ

しかし、この予測のためのマーケティング・リサーチでは対処が困難な問題にも挑むことから、ネスカフェ アンバサダー プログラムは生まれている。無料でコーヒーメーカーを職場に提供するプログラムに、果たしてどれだけの応募があるのか。そして、応募者たちの期待やモチベーションは何であり、実際に職場でどのようにコーヒーメーカーは利用され、活用されるか。こうした問いに対して、ネスカフェ アンバサダー プログラムというプログラムの開始に先立って、ネスレ日本は – 予測ためのマーケティング・リサーチなどから – 万全な回答を確保していたわけではない。

これは当然だといえる。調査を行う時点には存在していない架空のプログラムに対して、センサスや行動データにもとづく推計や、消費者調査を踏まえた分析をいかに重ねても、そこから導くことができる検証の精度は低くならざるを得ない（高嶋・桑原 2008, p.147）。センサスは、未知の可能性を直接的に示すものではないし、消費者調査への回答は、既存の製品やサービスにもとづく消費者の固定観念に縛られがちである。

そこで重要となるのが、行動の省察（refrection on behavior）ためのマーケティング・リサーチである。この第2のマーケティング・リサーチは、プログラムや製品やサービスを市場に本格的に導入する前に、予測を行うのではなく、市場での試行などを先駆けて行うことによって、データや情報を得ようとする。省察とは、自らの行いを振り返ることだが、この省察を行うためには、先行して何かを為していなければならない。省察の機会を得るために、まずは自らが行動してみる、あるいは行動している誰かを見つけることが必要となる。

ネスカフェ アンバサダー プログラムについても、バリスタ事業において企業家的役割を果たしたマーケティングの担当者は、東日本大震災の仮設住宅の集会所にバリスタのマシンとカートリッジを置いて帰るという行動から、気づきを入手している。さらにいえば、この気づきが生じた背景には、国内では販売台数が最も多い家庭用コーヒーメーカーというバリスタが達成した成果に安住せず、さらなる成長機会を求めたネスレ日本の企業家的姿勢がある。

ネスレ日本は、新たな課題を設定し、そのもとで成果にたどり着く道筋がすぐには見えなくても、行動を絶やすことはなく、そのなかで思わぬ結果を目にしたことから、新たな着眼を得たのである。そして、この着眼を得た後のネスレ日本は、予測のためのマーケティング・リサーチに時間をかけるのではなく、プロトタイプ的なプログラムの試行という市場での実験的な行動へと短い期間で進んでいる。こうして得た成果を振り返ることによって、さらなる知見を獲得し、次の行動につなげるという、螺旋状に進化していくプロセスからネスカフェ アンバサダー プログラムはできあがっていく。

なぜ、まずは行動してみることが必要なのか。本書の第2章でも述べたように、P.ドラッカーは「未来は予測できないが、つくり出すことはできる」という（Cohen 2008, 訳 p.182）。同様に、存在していない対象は検証できないのであれば、存在を新たにつくり出せばよい。サイモンのいう人工的世界においては、行動を起こし、プロトタイプ的なプログラムをつくり、試行してみれば、次なる証へとつながるデータや情報を入手できるのである。

ネスレ日本は、果敢にアンバサダー プログラムのプロトタイプ的なプログラムをつくり、実際の市場での試行に踏み切っている。これは、当初は特定の地域やウェブ上に限定しての行動であり、投入する費用も限定されていた。そして実際に提供してみることで、市場の反応やその規模感をつかみつつ、プログラムの効果的な訴求や参加者のモチベーションの維持ためのポイントへの理解を深めながら、市場獲得の見通しを確立していく。

こうしてネスレ日本は、プログラムの可能性を見極めるとともに、サブスクリプションの仕組みなどを取り入れながら、プログラムの本格展開へと活動を進めていく。以上のようにネスカフェ アンバサダー プログラムが生まれていく局面では、フィードバックによる練り上げに重点を置く、行動の省察のためのリサーチがマーケティング活動をサポートしていた。

4-3　逸脱事象との遭遇のためのマーケティング・リサーチ

ネスカフェ アンバサダー プログラムというイノベーションは、コーヒーメーカーを職場で購入してもらうのではなく、コーヒーメーカーを職場に無料でレンタルするという発想の転換から生まれている。しかし、このプログラムが登場する以前には、職場でのコーヒーの共同利用などについては、企業の総務部などが福利厚生の一環として、自動販売機やコーヒーメーカーなどを購入したり、リース契約を結んだりして、社内のセミパブリック・スペースに設置するといった形態が一般的だった。この福利厚生という従前の固定観念の枠組みから抜け出すことは、職場でのコーヒーの利用のそれまでの典型や平均を追っている限りは起きにくい。

そこで有用だったのが、逸脱事象との遭遇から着眼を得ようとする、第３のマーケティング・リサーチである。先の行動の省察という第２のマーケティング・リサーチが、自らが行動を起こした結果から知見を得ようとするアプローチであったのに対し、この第３のマーケティング・リサーチは他者が起こした行動から知見を得ようとする取り組みとなる。

バリスタ事業のマーケティングの担当者が、常識的な枠組みから抜け出し、職場の世話役として応募してくる人に、無料でマシンをレンタルすることで自社のコーヒーの利用を促進するという発想にいたったきっかけは、東日本大震災の仮設住宅の集会所での経験にあった。しかし、同じセミパブリックな空間とはいっても、被災者向けの仮設住宅の集会所は、職場を対象としたコーヒー事業のリサーチサイトとしては異質性がとても高く、そこで得たデータや情報は、逸脱した外れ値、あるいは対象外の事象といった扱いを受けがちなはずである。だが、逸脱したデータや情報であるからこそ、典型や平均を追うだけでは手に入らない知見の獲得につながることがある。バリスタ事業のマーケティングの担当者がボランティア活動への参加から得た着眼も、この逸脱事象との想定外の遭遇によって生まれている。

逸脱事象は、外れ値ではあるからこそ、新たな発想の源泉となる。逸脱事象はそのまま取り入れることはできなくても、その出会いから得た気づきから新たな展開が見つかることがある。バリュー・イノベーションを活性化するマーケティング・リサーチには、典型や平均の把握だけではなく、新たな発想をうながすための異質な人や事象との遭遇も求められる。典型や平均から大きく離れた他者との出会いは、日頃の常識の枠組みから抜け出した思考を活性化する可能性を秘めている。

4-4 ユーザーとの一体感を生み出すマーケティング・リサーチ

さらに、イノベーションを支える第4のマーケティング・リサーチとして注目したいのは、マーケティングや商品開発の担当者にユーザーと一体化したかのような感覚をもたらすリサーチである。本書の第2章で検討したように、今までにない製品やサービスの便益や価値を打ち出していくバリュー・イノベーションに挑むには、事前の予測や合理性や目的からは外れた、新規性の高い発見を受け入れて、さらなる前進を続けていく行動が必要となる。

バリスタ事業のマーケティングの担当者は、当初の職場市場への営業方針を大胆に変更し、バリスタというマシンを販売するのではなく、無料でレンタルすることにした。そこから職場でのコーヒーの飲用機会、そしてカートリッジの販売機会を拡大するという、それ以前には誰も試みたことのない － したがって、不確実性が高く、その可能性を事前に検証するためのデータの入手も難しい － 仕組みの構築を進めていく。なぜ、このような大胆な行動を、この担当者は推進していくことができたのだろうか。そのひとつの － けっして唯一というわけではないが ― 要因として、ユーザーとの一体感を挙げることができそうである。

このユーザーとの一体感を、バリスタ事業のマーケティングの担当者は、東日本大震災のボランティアの体験のなかで獲得していたのではないかと思われる。彼は、仮設住宅の集会所での想定外の出来事に出会うなかで、コーヒーの価値を再認識している。この感覚が、その後の市場実験のプロセスを牽引するうえで、ひとつの重要な支えとなったと思われる。

これは、客観的なレポートとして、行動の省察や逸脱事象との遭遇に関するデータや情報、そしてその分析結果を受け取るだけでは、生じにくい感覚であるはずである。時間の流れのなかで展開していく事象を、マーケティングの担当者が自らの五感を通じて直接に体験することなく、切り離されたところで制作された － つまり客観性が高い ― レポートを受け取るだけでは、それがいかに美しく整っていたとしても、担当者にとってのユーザーとの一体感、すなわち観察対象との一体化という、主客未分離の中動態的な状態[4]を生起する力は弱くなる。この問題を突破することも、イノベーションのためのマーケティング・リサーチには求められる。

SECTION 5 バリュー・イノベーションを活性化する市場実験

5－1 市場実験を促進する3つのアプローチ

イノベーションのためのマーケティング・リサーチでは、各種のセンサスや行動データ、質問票調査やインタビューを用いた市場の予測のためのマーケティン

図表3-1　イノベーションを活性化するマーケティング・リサーチ

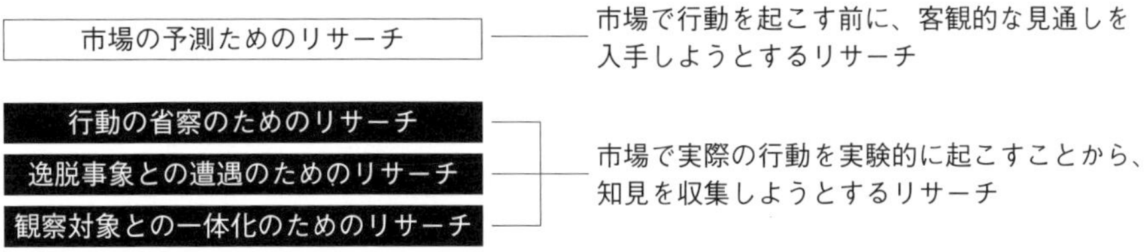

出所：栗木（2022k）

グ・リサーチに加えて、次のような3つのマーケティング・リサーチが活躍することになる（**図表3-1**）。第1はプロトタイプ的な製品やサービスを市場に導入し、この行動の結果を振り返ることから知見を得る、行動の省察のためのマーケティング・リサーチである。第2は典型や平均から外れた利用者の行動や発想の観察やインタビューなどから知見を得る、逸脱事象との遭遇のためのマーケティング・リサーチである。そして第3はマーケティングや商品開発の担当者に、自身と観察対象との一体化が生じたかのような、中動態的な感覚をもたらすマーケティング・リサーチである。

この行動の省察、逸脱事象との遭遇、そして観察対象との一体化のための3つのマーケティング・リサーチは、市場というフィールドにおける実験的な事業活動や生活行為、すなわち市場実験から知見を収集し、イノベーションの推進をサポートしようとするアプローチだという共通項をもつ。本書でいう行動の省察のためのリサーチは、実際の市場でのプロトタイプ的な製品やサービスの実験的な導入を進め、その結果を振り返ることでデータや情報を入手しようとするリサーチである。逸脱事象との遭遇のためのリサーチは、市場や社会のなかですでに利用可能な製品やサービスについて、典型や平均から逸脱した実験的な使用方法についての経験を蓄積している例外的な利用者からデータや情報を入手しようとするリサーチである。そして観察対象との一体化のためのリサーチは、事前の予測や合理性や目的の外にある新規性の高い発見を受け入れていくマインドを、市場での実験的な行動を通じて養おうとするリサーチである。

続いて以下では、市場実験を活用する3つのアプローチがなぜ、バリュー・イノベーションにおいて必要であり、有効か、そしてどのような役割を果たすかについて検討していく。

5-2　行動の省察の必要性

市場での行動の省察が必要となるのは、企業の内部で製品やサービスの検証を行うだけでは、その市場におけるパフォーマンスについての的確な知見を迅速に得るには十分でないからである。T. ブラウンは、製品の機能性 － たとえば、正常に作動するか？ 落としても壊れないか？ 部品はうまくかみ合っているか？ など － については、社内でも十分に検証できるが、その価値の構築を「利用者同士や、利用者とシステムの目に見えないインタラクションに頼っている」製品やサービス － すなわち、どのように使用したり、活用したりするかしだいで、その価値は異なってしまう製品やサービス － については、現実の市場のなかに製品やサービスを投入してみなければ、誰がどのような用途で利用するようになっていくかはわからないと述べている（Brown 2009, 訳 p.130）。

同様に、こうした相互作用の影響があることを踏まえると、製品やサービスからコンセプトだけを抽出して、事前に市場で顧客となりそうな人たちに評価してもらうというアプローチにも問題が多い。石井淳蔵は、マーケティング上のコンセプトについては、生活という具体的なコンテクストのなかに置かなければ、その意味や意義を的確に評価することが困難なことを指摘している（石井 1993, pp.73-74）。そのために発売後に想定外の用途が発見されたり、思いもよらない顧客に利用されたり、事前にマーケティング・リサーチで好評だった価格設定を採用したにもかかわらず、発売してみると購入者がほとんど現れないといったことが起こる（藤川・竹内 1994）。特に新規性の高い製品やサービスでは、誰が顧客となるか、どこに価値が見いだされるかを事前に把握しにくいことが少なくない。

したがって、既存の市場の調査によって得られる典型や平均からは外れたところに潜在する可能性を事業としてとらえるためには、E. リースが述べるように、アイデアを商品化し、市場に投入して、データを収集し学習するための「フィードバックループの一周に要するトータルの時間を最小化する」ことが求められ、実用性を最小限に備えた製品やサービスを素早くつくり、市場に投入し、反応を得ていくアプローチが適していることになる（Ries 2011, 訳 pp.104-107）。この市場での実験的行動から知見を得ようとするマーケティング・リサーチは、バリュー・イノベーションのプロセスで出現する想定外の市場の反応を、素早く製品やサービスの改善や改良につなげたり、ピボットを行ったりすることに貢献する。

行動の省察の必要性にこたえるためには、市場の予測を行う場合とは異なるタイミングでマーケティング・リサーチを行う必要がある。製品やサービスを市場に投入する以前に、予測の精度を高めようとしてマーケティング・リサーチに時間をかけ過ぎることは問題だが、これはデータや情報の収集、推計や分析は軽視してよいということではない。山本政樹は、行動の省察のためのマーケティング・リサーチのような「やってみなければわからない」課題に向き合うアプローチは、データよりも直観を信じて突き進むことを推奨しているわけではなく、データを使う目的とタイミングが、市場の予測を重視するアプローチとは異なるだけであることを指摘している（山本 2021, p.721）。

行動の省察によってイノベーションを進めていこうとすれば、データや情報の収集、そして推計や分析が、フィードバックループを回していくなかで次々に必要となる。そしてそこでは、マーケティング・リサーチが不要となるわけではなく、行動に先立つ予測から、行動の事後の振り返りと素早い仮説の組み替えへと、マーケティング・リサーチが担う役割やタイミングのシフトが求められる。

5-3 逸脱事象との遭遇の有効性

わかないなら、やってみよう。自分の気づきをヒントに、新たな行動を起こしてみよう。第2章で見たナイトの第3の不確実性に挑み、そこに潜在する新たな市場の可能性を切り拓くうえで、こうした行動に前のめりになる姿勢は合理的だといえる。さらにいえば、そこでは自らが行動するだけではなく、すでに新たな行動に突き進んでいる他の人びとから知見を得ることも、同じく合理的である。

逸脱事象との遭遇が有効となるのは、バリュー・イノベーションが顕在化しようとする市場に潜在している機会とは、市場の典型や平均からは遠く離れた風変

図表3－2　逸脱事象としてのイノベーションの早期採用行動

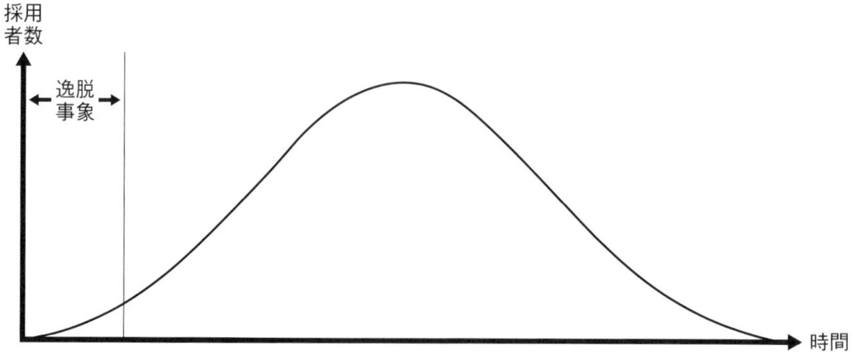

出所：Hippel（2005）訳 p.173、図表10－1をもとに筆者作成

わりな行動や不条理な状況のなかに潜んでいるからである（**図表3－2**）。再びブラウンの指摘に戻ると、彼は次のように述べている（Brown 2009, 訳 p.66）。

「企業が現在の市場の中心を占める人々の購買習慣を理解しようとするのは無理もない。…アイデアが大成功するかどうかを裏付けるのはこういった人々だからだ。しかし、（現在の市場における人々の嗜好や行動の分布を示す）釣鐘曲線の中央に注目するだけでは、既知の事実を再確認するにすぎず、奇抜で意外な事実を発見することは少ない。奇抜で意外な洞察を得るには、…釣鐘曲線の末端に位置する人々に注目する必要がある。そこにこそ、異なる生き方、異なる考え方、異なる消費習慣をもつ『極端な利用者』が潜んでいるからだ。」（（　）内、筆者補記）

極端であることは、単なる外れ値でしかないこともあり得るわけだが、そこにはイノベーションの源泉となる知見が潜んでいる可能性がある。E.V. ヒッペルは、バリュー・イノベーションの源泉の探索には、逸脱事象の担い手 － すなわち、ターゲット市場の顧客が直面している必要と関連しているが、より極端な問題を解決しようとしているユーザー、あるいは、ターゲット市場内における最先端の

利用者 − に目を向けるべきだという。たとえばアンチロック・ブレーキ・システム（ABS）は、今では自動車の標準装備品となっている。しかしその最初期の開発の手がかりは、カーレーサーという一般的な自動車の運転者からは逸脱した運転者が、ブレーキをかける際の横滑りを制御するために行っていた、ブレーキの踏み込みを巧みな上下運動で調整するポンピングに学ぶことなどにあった。ヒッペルは、このような製品やサービスの独自の使い方や改善を編み出している生活者や事業者が存在することに注目し、彼らをリードユーザーと名づけている（Hippel 2005, pp.174-175）。

イノベーションとは、市場の典型や平均とは離れたところに潜在的している機会を掘り起こそうとする活動である。このような機会につながる製品やサービスの使い方を実践している利用者や生活者は、ごく一握りの限られた人たちとならざるを得ない。したがって、市場の典型や平均からは外れたところで生じている事象に積極的に目を向ける必要がある。逸脱事象と出会うことをうながすマーケティング・リサーチは、こうした必要にこたえることを通じて、バリュー・イノベーションの活性化に貢献する。

ユーザーは、イノベーションを行わないという指摘もある（Day 1999）。しかし、これは典型的、あるいは平均的なユーザーを前提とした見解であり、逸脱的な事象に目を向ければ、イノベーションを行うユーザーは存在する（Hippel 2005, 訳pp.174-175）。

なお、注意が必要なのは、この逸脱事象との遭遇とは、確実な成果を生み出すためのマーケティング・リサーチではないということである。そもそもイノベーションは、リターンは期待できても、成功確率は高くはない行動から生まれるわけで、逸脱事象と出会いさえすれば、マーケティング上の成功が保証されるわけではない。また、逸脱を起点とすることにともなう各種のリスクは慎重に吟味して、それら事業に呼び込んでしまうことは避けなければならない。

とはいえ、バリュー・イノベーションの活性化のためには、まずは企業などにおいて個人や組織が、日常の対市場活動のなかで、意図せざる場合も含めて出会うことになる逸脱事象という外れ値に対して、ていねいに向き合う姿勢を確保することが望まれる。この姿勢の重要性は、本章の第4章で取り上げるmtの事例における３人の女性の工場見学の受け入れから生まれていく展開からもうかがわれる。

さらにいえば、逸脱事象と幅広く遭遇していくための機会を増やすことも望まれる。こうした姿勢や行動をうながすための組織としての体制を整えることも必要となる。

5－4　観察対象との一体化の役割

観察対象との一体化が必要となるのは、イノベーションを押し進めていくためには、事前の予測や合理性や目的からは外れた新規性の高い発見であっても、それらを受け入れて活用していく姿勢やマインドの醸成が必要だからである。第２章でも検討したように、今までにない製品やサービスの便益や価値を打ち出していくバリュー・イノベーションに挑むには、それまでの製品やサービスの成功を支えてきた枠組みを超える不確実性の海に飛び込まなければならない。

イノベーションとは、市場での確実な成功が保証されている活動を行うことではない。「自分たちが属している業界・市場の状況や自分のもっている資源をしっかり調査分析して、誰からも異論の出ない施策を考える」という「強み伝い」（石井 2009, pp.2-3）を離れて、その先へと飛び出していく必要がある。

そこでマーケティング・リサーチに必要となる課題は、単なるデータや情報の提供を超えて、被提供者となるマーケティングや商品開発の担当者の姿勢やマインドをいかに醸成していくかである。行動の省察、そして逸脱事象との遭遇のためのマーケティング・リサーチは、市場に潜在している可能性についての知見を、マーケティングや商品開発の担当者にもたらすが、そこには未来についての確実な予測が用意されているわけではない。これに対して、いかに客観性を取り繕っても、第２章で述べたように、この不確実性の根底にある無限後退問題は解消しない。

マーケティングや商品開発の担当者は、イノベーションを導くプロセスにおいて避けがたく出現する、この不確実性をめぐる不安や危惧、そしてそこから生じる周囲への説得力の低下をどのようにして乗り越えていけばよいのだろうか。答えのない不確かな状況のもとでも広く、深く考えながら行動を続けていく自らの姿勢を確立しなければ、バリュー・イノベーションをたぐり寄せることは難しそうなのである。

そこでは、株式会社リクルートで数々の情報誌を創刊してきた、くらたまなぶ(2006) が述べているように、マーケティングや商品開発の担当者とリサーチの対象となるユーザーという、「する側」と「される側」の関係を脱し、開発者が感情移入によってユーザーと一体化したかのようなマインドを生み出すことが、ひとつの解決策となる (pp.193-197)。なぜなら、このマーケティングや商品開発の担当者にユーザーが憑依したかのような状態が生まれることで、「主体は活動過程に巻き込まれている一方で、いまだ主体としては現れていない」という、中動態に通じる状態が生まれるからである (石井 2022, pp.220-223, pp.315-322, pp.329-333)。

この主体と観察対象が未分離の感覚は、事前の予測や合理性や目的の外にある新規性の高い発見を主体が受け入れつつ、不安を払拭して、さらなる前進を続けていくことを可能にする。活動過程の先行きは不確定なままなのだが、そのことを認識する主体も、中動態にあっては活動過程から未分離の状態となる。そのために、不確実性を客観視するのではなく、対象と一体となって前進しようとする姿勢が生まれる。そして、この「のめり込む」姿勢 (栗木 1996) が、バリュー・イノベーションという困難に取り組むうえで重要となるのであれば、その姿勢の形成をうながすマーケティング・リサーチが必要となるはずである。

SECTION 6 市場実験を活性化するマーケティング・リサーチ

6-1 バリュー・イノベーションのためのマーケティング・リサーチの開発

マーケティング・リサーチが、バリュー・イノベーションに挑む企業家の必要にこたえるためには、企業家の役割を担うマーケティングや商品開発の担当者、あるいは製品やサービスの利用者が、実際の市場の各所で試みることができたり、すでに試みたりしている実験的な活動を活用するべきである。そして、このフィールドでのシミュレーションを、マーケティング・リサーチに利用していくうえでは、前節で検討したように、行動の省察、逸脱事象との遭遇、そして観察対象との一体化が重要な役割を果たす。

このようなバリュー・イノベーションの活性化の必要条件にこたえようとするマーケティング・リサーチの手法の開発は日本国内でも進んでいる。以下ではその具体的な事例として、「ピラミッディング」、「エクストリーマー・リサーチ」、「トライブ・リサーチ」、「オブザベーション」を順次見ていこう。

6-2 ユーザー・イノベーションとピラミッディング(5)

ユーザー・イノベーションは、先の本章の**5-3**でも取り上げたヒッペルが主導してきた経営学の研究領域である(Hippel 2005, 訳 pp.36-51)。日本では株式会社博報堂が、このヒッペルたちの研究成果をマーケティング・リサーチに取り入れ、企業における製品やサービスの開発に活用するための取り組みを進めている。

イノベーションは社会を変え、組織に大きな成長にもたらし、個人の自由を拡大する。では、そこにあって、創意工夫を重ねてイノベーションを生み出すのは誰なのか。イノベーションの多くは、現代では企業における研究開発から生まれている。さらにイノベーションは、政府組織や大学などからも生まれる。たとえば、iPhoneという新結合を実現したのは、米国企業のアップルだし（Merchant 2017, 訳 pp.17-28）、QRコードを開発したのは、日本企業のデンソーである（小川 2020, pp.77-96）。インターネットは米国国防総省が資金提供を行い、遠隔地の大学間でデータ転送を試みるプロジェクトから生まれた（Buchanan 2002, 訳 pp.113-118）。Googleの検索エンジンも、アルファベットの創業者たちがスタンフォード大学在学中に開発している（Auletta 2009, 訳 pp.58-70）。

そしてそれ以外にも、ノベーションには重要な担い手がいる。製品やサービスを利用する個人や小集団である。ユーザー・イノベーションとは、こうしたユーザー発のイノベーションを指す。

もちろん、あらゆる人が製品やサービスを使用しながら、イノベーションにつながるような創意工夫を行うわけではない。そのなかにあって、数は少ないかもしれないが、社会を変え、組織に成長を生み出し、個人の自由を拡大するような創意工夫を行っている、製品やサービスの先進的な使い手がいる。このような人たちをリードユーザーという。たとえば、先の**5−3**のアンチロック・ブレーキ・システム（ABS）のユーザー・イノベーションにおいても、イノベーションの起点はリードユーザーである。

しかし、どのように優れた創意工夫であっても、個人や小集団が独自に試行を重ねているだけでは、社会に広がるイノベーションとはならない。ユーザー・イノベーションは、ユーザー発のイノベーションだが、ユーザー・サイドで完結するものではない。個人や小集団のアイデアを社会に普及させていくには、企業などの組織がリードユーザーの取り組みを見いだし、自社の製品やサービスの開発や改善に活かすことが大きな役割を果たすことが少なくない。

では、企業はどのようにしてリードユーザーを見つければよいのか。この発掘を進めていくことも、マーケティング・リサーチのひとつの役割であるはずである。このような課題を踏まえて博報堂は、リードユーザーからの知見を製品やサービスの開発に活用するためのマーケティング・リサーチのプログラムの開発に取り組んでいる。

このプログラムには、ユーザー・イノベーション研究に由来する「ピラミッディング」という手法が採用されている。博報堂のピラミッディングでは、テーマに沿って10〜20名ほどのリードユーザーを見つけ出し、この人たちにインタビューを重ねることで、ユーザーたちの創意工夫やアイデアを収集する。しかしリードユーザーは、どこにでもいる普通のユーザーではない。数少ないリードユーザーを見つけ出すための探索の方法が課題となる。

6-3　ピラミッディングの進め方

博報堂のピラミッディングは次のように行われる。たとえば「環境負荷を減らす生活」というテーマであれば、環境問題の専門家や、環境負荷削減のための工夫をせざるを得ない人たちなどから候補者をリストアップし、インタビューを進める。続いて、インタビューを行ったリードユーザーたちに、その人が参照したり、注目したりしている先進的なリードユーザーを紹介してもらう。

こうした特別だが切実な問題については、関心を共有する人たちが相互に連絡を取り合ったり、知見を交換したりすることでネットワークができやすいことが知られている。ピラミッディングは、このリードユーザー間のネットワークを活用して、知見の収集を進めていく。たとえば、環境負荷を減らす先進的な生活であれば、山小屋という厳しい条件のもとで問題に取り組む経営者にインタビューを行い、この経営者が懇意にしている下水道関連の仕事を行う企業を紹介してもらい、そこからさらに下水研究を行っている大学教員につながるといった具合である。

博報堂は、これまでの活動を通じて、日本においてリードユーザーへの調査を進め、イノベーションに向けた取り組みを活性化するための知見を蓄積している。現在では、ピラミッディングにおける最初の候補者の選択をどのように行えば、リードユーザーたちから有用な知見を効率的に獲得していくことができるかが明らかになっているという。

ユーザー・イノベーションに企業が取り組むうえでのひとつのボトルネックは、リードユーザーを探索することの難しさだった。そのためにリードユーザーは社会という巨大なジャングルのなかに埋もれがちだった。しかし近年では、博報堂のピラミッディングのような手法の開発が進んでいる。そのために、以前は活用しにくかったユーザー・イノベーションを、製品やサービスの開発に取り入れることが容易になっている。

6-4　少数派の極端な人たちを対象とするエクストリーマー・リサーチ(6)

エクストリーマー・リサーチは、マーケティング・リサーチのひとつであり、日頃マーケティングや商品開発の担当者が接点をもたない特殊な人たちを対象に行われる。たとえば、ファッション誌の読者モデル、山中の一軒家で暮らす人、あるいはユーチュバーやブロガーとして活躍するティーンエージャーなどがその対象となる。

エクストリーマー・リサーチでは、普通の愛好家や生活者とは異なる、少数の極端な人たちの日々の暮らしや行動についての観察や聞き取りなどを行い、検討を重ねる。トップ・アスリートを集めての座談会で仮説をぶつけてみたり、コロナ禍を機にワーケーションにライフスタイルを切り替えた夫婦の日常を追ってみたりする。

エクストリーマーは、リードユーザーとも通じる外れ値的な人たちだが、自ら製品やサービスの新規開発や改良、あるいはその画期的な使用方法などを編み出したりしているわけではない。エクストリーマー・リサーチでは、典型的な生活者や愛好家とは異なる少数派の極端な人たちが、日々どのように各種の製品やサービスを使っているかについての観察や聞き取りなどを行い、その結果をもとに解釈と討議を重ねる。その目的は、多数派からは外れた生活や活動の文脈から学ぶことによる、マーケティング上のインサイトの獲得である。このリサーチのなかでエクストリーマーは、販売のターゲットではなく、アイデアを生み出すきっかけとしての役割を担う（**図表3-3**）。

図表3-3　逸脱事象としての2つのユーザー

リードユーザー	自ら製品やサービスの新規開発や改良、画期的な使用方法の開発を行うユーザー。
エクストリーマー	一般の人たちとは異なる状況で生活や活動を行っている、特殊なユーザー。

出所：筆者作成

6-5　これまでの延長線上にない新しい製品やサービスの開発

伊藤崇は現在、MARL DESIGN STUDIOの代表として建築設計などにかかわる。商業店舗などの設計からマーケティングまでを手掛けるというのが、伊藤の仕事のスタイルである。伊藤は大学院で建築学を専攻したあと、複数の企業で建築設計やマーケティングなどの業務にかかわってきた。その時の経験を現在の仕事に生かしている。そのなかでエクストリーマー・リサーチを活用することもあるという。

現在の伊藤には、大手企業などからの製品やサービスの開発への助言の依頼もたびたびあるという。こうした依頼を受けて伊藤は、企業内のセミナーやワークショップの講師、あるいは開発のプロセスに伴走するアドバイザーなどをつとめる。

人口減少が進む日本のような国では、これまでの延長線上で市場をとらえていては、事業が成長する見込みは乏しい。しかし目を転じれば、デジタル化や脱炭素などの各種のテクノロジー・イノベーションは止まらず、ワーケーションやシェアリングなど、働き方や暮らし方の見直しも進んでいる。今までの延長線上にはない新しい製品やサービスを提供できれば、事業に成長を生み出すチャンスは国内にもまだ十分にある。

伊藤が助言や支援を求められるのも、従前の延長線上にはない開発の新しいアイデアが、多くの企業や産業で必要となっているからである。企業の経営陣は、その必要を見すえて、これまでにない新しい製品やサービスの開発を指示する。

しかし、こうした企業の開発部門が蓄積しているのは、市場のトレンドに乗り遅れないように、そこで人気を集めている製品やサービスをいち早く再現したり、改善したりするタイプの開発での成功体験であったりする。そこに、これまでにない製品やサービスを一から開発するというミッションを与えられると、「どこから、どう手をつければよいか、わからない」という問題が発生する。ここに伊藤の出番がある。

伊藤はこれまで、複数の企業で建築設計やマーケティングなどの業務にかかわってきた。マーケティングについていえば、小林製薬株式会社での商品開発の経験が、現在手掛けている助言や支援に役立っているという。

6-6　見たことのあるような商品では却下される

小林製薬は小さな企業ではないが、競争戦略上の位置づけにおいては、花王やライオンなどの生活用品産業、武田薬品やアステラス製薬などの製薬産業の大手企業の狭《はざ》間《ま》に活路を見いだしていかなければならないというポジションにある。そのなかにあって小林製薬は、たとえばコンタクトレンズを使う人専用の洗眼薬「アイボン」や、喉の乾燥によるトラブルを改善する「のどぬ～るぬれマスク」など、従前にはなかった商品を、次々と発売することで成長を果たしてきた。

小林製薬は、自社のホームページで以下のような考えを表明している（小林製薬 2023）。大きな池には、魚がたくさんいることがわかっている。しかし、釣りに来る人も多い。そのため、このような誰の目にもとまりやすい大きな市場は、競争が激しいレッド・オーシャンとなりがちである。それならば、まだ誰も見つけていない小さな池（ニッチ市場）を見つけ出すことに集中するほうがよい。そして、この小さな市場にいち早く参入する先発企業となれば、高いシェアを確保しやすく、利益につながる。

小林製薬の商品開発では、常に新しいアイデアが求められていた。伊藤が勤務していた当時の小林製薬がリリースする新製品は、年間で80を超えていた。そして、小林製薬では、新しくリリースする製品は、新規性が高く、それまでの市場にはないものでなくてはならなかった。

このような考えを長年にわたって採用してきた小林製薬の商品開発にかかわれば、「見たことのあるような新商品」を提案しても、間違いなく却下されてしまう。伊藤をはじめとする小林製薬の新商品の開発担当者は、新規性の高い商品のアイデアを考え出さなければならないというプレッシャーのなかで日々働いていた。

6-7　会議は開くもののアイデアが出てこない

伊藤が属していた新商品開発チームも、アイデア生成のためのさまざまなアプローチを試みていた。そこで使われていたさまざまな手法のひとつが、エクストリーマー・リサーチだった。なお、これは伊藤の体験であり、小林製薬方式といえるほど会社全体で共有された方法だったかどうかはわからないという。

伊藤たちは常に新商品開発にあたって、エクストリーマー・リサーチを行っていたわけではない。むしろ、インターネットでの検索などから情報を集めるデスクリサーチ、あるいは開発者自身の日常行生活のなかで行う観察などが、定番といえるアプローチだった。そしてそれらの結果を持ち寄って、アイデア会議を開き、討議を重ね、新しいアイデアを見つけ出していくという作業が主流だった。

しかし、時にはアイデア会議を開いても、見たことのあるようなアイデアしか出てこないことがある。これでは駄目だと、その場にいる誰もがわかっているのだが、これはというアイデアは生まれず、気まずい時間が流れていく。

伊藤たちはこのような場合に、エクストリーマーの観察や聞き取りを実施していた。日ごろ接点をもたない特殊な人たちと向き合うことは、アイデアの生成に新展開をもたらすことが少なくないことを、伊藤たちは実感していた。

6-8　自然のなかでナチュラルなお茶会を楽しみたい

エクストリーマー・リサーチは、具体的にはどのようなかたちで、製品やサービスの開発にインサイトをもたらしてくれるのだろうか。そのひとつの事例として、独立後の伊藤がかかわった「GLAMP CABIN（グランキャビン）東条湖・丹波篠山」という観光宿泊施設の開発プロセスを見ていこう。

GLAMP CABINは、大阪市に本社を構え、デザイン事業やマーケティング、飲食事業を手掛ける株式会社ENJOY TRUSTが、兵庫県加東市に2023年3月にオープンしたキャビン（小屋）タイプのグランピング施設である。GLAMP CABINでは、宿泊者はテントや調理器具などを用意することなく、ホテルを利用するかのように気軽にグランピングを味わうことができる。GLAMP CABINは5棟のキャビンと、スタッフが常駐するレセプション棟の、合計6つの建物によって構成される。

GLAMP CABINは開業に向けて、スタンダードなキャビンの他に特徴的なコンセプトのキャビンが欲しいと考えていた。この難題を伊藤はGLAMP CABINから委託されることになったのである。

2010年代のキャンプ・ブーム、そしてコロナ禍を経て、グランピング施設は今では、全国の各地に乱立している。どこかで見たことのあるようなグランピングでは、レッド・オーシャンのなかに埋没してしまう。そこから一線を画する新しいキャビンを企画してほしい。この問題が伊藤のもとに持ち込まれた。

「どうするか」と思いあぐねていた伊藤はある日、たまたま目にした友人の行動が「変わっているな」と感じた。期せずしてエクストリーマーが、目の前に現れたのである。

伊藤の現在の事務所は、庭付きの古民家を改修した物件である。そこに以前から付き合いのあった照明メーカーのデザイナーのAさんが、「蒸留器」なるものを持ってふらっと遊びに来た。この蒸留器で何をするのかと聞くと、伊藤の事務所の庭に生えている雑草を摘み取って、アロマオイルをつくりたいのだという。

そして彼女は、庭の雑草なのか、野草なのか、ハーブなのか、素人にはわからないものを一心不乱に摘んでは篭《かご》のなかに入れ、嬉しそうにしていた。その後、つんだ野草を蒸留器に入れて、ハーブオイルなるものを抽出しては瓶に詰めていた。「それをどうするの」と伊藤が聞くと、このオイルを自分の顔や手に塗ったりして、自分流の肌のお手入れをするのだという。謎は膨らんだ。

エクストリーマーが製品やサービスの開発に、今までになかった着眼を与えてくれることがあることを知っていた伊藤は、Aさんに追加のインタビューを行ってみることにした。そこからつかんだポイントは以下である。

- 本当は、山のなかを自由に散策して、いろいろな野草を採集して、たくさんの種類のアロマオイルをつくりたい。しかし時間がかかるし、立ち入ってはいけない場所のような制約もある。
- 住宅街の道路脇などに生えている野草は、犬のおしっこがかけられていたりするかもしれないので、さすがに使えない。
- 自然のなかでリラックスしながら、ハーブを使ったナチュラルなお茶会を友だちと開きたい。

ここからコンセプト開発に移り、A さん以外のナチュラル志向の女性たちにも意見や評価を求めながら完成していったのが、GLAMP CABIN の５つのキャビンのひとつ、「ハーブテラスキャビン」である。

ハーブテラスキャビンには、ハーブ専門店を全国に展開する株式会社生活の木がプロデュースしたプライベート・ハーブガーデンが付属している。ゲストは自分で摘んだ新鮮なハーブを使って、森に囲まれたキャビンの庭でハーブティーを楽しんだり、ハーブ入りのお風呂にゆったりとつかったりすることができる。「きっとここだけ」という時間を過ごせる、独自性の高いグランピング・キャビンである。

オープン後のハーブテラスキャビンは、20-30代後半の女性同士、そしてハーブに興味のある夫婦などがメインの利用者となっている。「部屋の雰囲気とハーブ園とのつながりがとてもよく、気持ちよい時間を過ごせる」といった声が寄せられているという。

6-9　平均を離れたところにバリュー・イノベーションのヒントがある

エクストリーマー・リサーチは、市場の平均的な傾向をとらえる教科書的なマーケティング・リサーチとは異質な方法である。このような方法が必要となるの

は、これまでにない画期的な価値の創造には、社会や市場の主流となっている行動や情報をいったん離れることが必要となることが少なくないからである。

もちろん、そこから商品開発をさらに詰めていくには、発見したN＝1（極端な少数派）と共通する心理や行動特性を持った人たちが一定数いるかの確認を行うリサーチなども必要となる。しかし、最初の起点はエクストリーマーとの出会いであり、ここから既存の製品やサービスとは一線を画する開発がはじまる。

このようなエクストリーマーとの出会いは、大がかりなリサーチを計画しなくても、日常のオン・オフの生活のなかにも潜んでいるかもしれない。そして、そこでの出会いを見逃さなければ、ありそうでなかった、独自性に富んだマーケティングの新たな企画につなげることができそうである。

6-10　先駆的な消費者のアーカイブを用意するトライブ・リサーチ(7)

トライブ・リサーチは、イノベーションのためのマーケティング・リサーチのひとつであり、博報堂DYグループの社内ベンチャーとして2015年に設立された株式会社SEEDATA（現SEEDER株式会社）が手掛ける。

トライブ・リサーチにおけるトライブ（部族）とは、調査時点の5年ぐらい先の社会で広がりそうだと思われる価値観や行動スタイルを、すでにいち早く取り入れている、国内や国外の先駆的な消費者たちを指す。マーケティング上のセグメント － 細分化された市場 － は、事業を成立させることができそうな規模の集団を想定している（高嶋・桑原 2008, pp.49-50）。しかし、トライブ・リサーチがとらえようとしているトライブは、こうしたセグメントよりはるかに小規模な集団となる。

トライブ・リサーチの対象は時間とともに変化していくが、本章の執筆のための調査を行った2022年の時点でいうと、たとえば以下のような人たちだという。

・家事代行サービスを利用している人々のうち、掃除や買物といった作業でなく、いつ掃除するか、いつ消耗品を補充するかといった「家事を考えて組み立てること＝ハウスマネジメント」を外注したいと考える人たち。
・コロナ禍によってリモートワークの環境が整備されたことを契機に、都心から鎌倉や逗子などの郊外へ、あるいは逆に地方から都心に移住し、自宅周辺で生活・仕事・遊びを一体化させたライフスタイルを送る人たち。
・モノを所有せず、環境に優しいライフスタイルを実践するためにレンタル生活を送る中国の若者たち。

トライブ・リサーチでは、国内または国外でこうしたトライブを発見し、数名ほどを対象にその行動や意識についてインタビュー調査などを行う。そして、調査の結果とそこから示唆されるビジネス機会を「トライブ・レポート」としてまとめる。SEEDERと有料契約をしたクライアントには、年間100本ほどの新たなレポートが提供されるほか、過去の多数のトライブ・レポートを閲覧することもできる。少数派の極端な人たちを対象とすることはエクストリーマー・リサーチと同じだが、製品やサービスの開発に先立ってアーカイブとして取りまとめられていることがトライブ・リサーチの特徴である。

トライブ・リサーチの利用は国内大手企業のあいだにも広がり、ヒット商品の開発や新規ビジネスの開始などにつながっている。たとえば、次のような製品やサービスやプロジェクトが、トライブ・リサーチから生まれているという。

・モノや合理性より豊かな文化を自分のライフスタイルに取り入れようとする「カルチャー・シーカー」向けのスイーツ。
・瞑想（メディテーション）を通じてストレス解消や集中力向上などをはかる「マインドフルネス」の場を提供するサービス。
・OEMビジネスにおけるSDGs（持続可能な開発目標）対応を強化するプロジェクト。

6-11 各種の市場実験を組み合わせて進む製品やサービスの開発

トライブ・レポートが提供するのは、一種の文化人類学的な生活者調査の報告である。こうした質的な生活者調査を手掛けるマーケティング・リサーチは、トライブ・リサーチやエクストリーマー・リサーチのほかにも、従前よりさまざまなかたちで存在する。しかし、通常これらの調査はオーダーメイドで行われるため、クライアント企業が調査を発注してからレポートを入手するまでには時間が掛かるし、少なからぬ費用が発生する。

こうした問題に対してトライブ・リサーチでは、クライアント企業からの依頼を待たずにSEEDERが先行して独自にトライブ・レポートの作成を済ませている。そしてこのアーカイブが、クライアント企業に提供される。

このアーカイブ化というトライブ・リサーチがもたらした革新によってクライアントは、短時間かつ低費用で、新たな市場の萌芽についての情報のシャワーを浴びることができるようになっている。本章の**5-3**では、逸脱事象との遭遇については限られた数ではイノベーションにつながらない可能性があり、遭遇する事象の数を増やす必要があることを指摘したが、トライブ・レポートはこの課題に効率的にこたえることのできるアプローチのひとつとなっている。

さらにSEEDERでは、トライブ・レポートから得た気づきをもとに、短時間・少予算で試験的な製品やサービスをつくり、このプロトタイプを用いて小規模なテストマーケティングに取り組む活動のサポート・サービスも提供している。販売前に行われる質問票調査やインタビューなどでは、リリースしようとする製品やサービスが新しいものであるほど、生活者の回答は既存の常識に引き寄せられがちである。しかし、プロトタイプとはいえ実際の製品やサービスを体験する機会を与えられれば、生活者は常識の壁を越えた価値に気づきやすくなる。このような消費者とのリアルなやり取りは、マーケティングや商品開発の担当者が自らの新しい市場像を明確にしていくための助けとなる。

市場実験のための製品やサービスのプロトタイプは、SEEDERのクライアン

図表3－4　トライブ・リサーチの構成

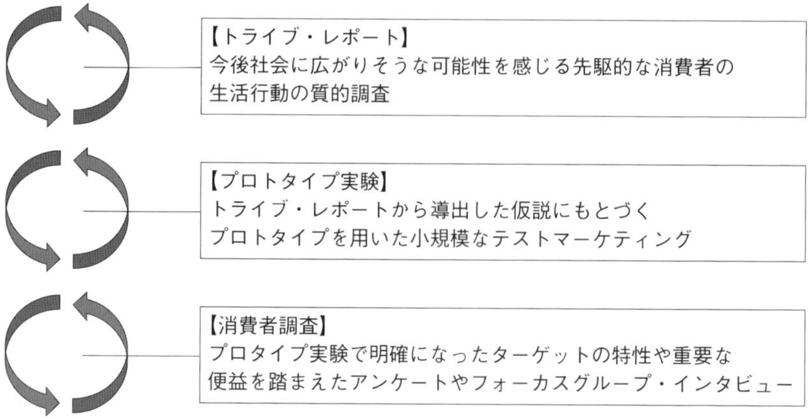

出所：栗木（2022k）

トである事業会社が制作することになる。SEEDERは、このプロトタイプの市場への導入のプロセスに伴走し、そこで発生するデータや情報の収集を進め、その分析を通じて知見を蓄積していく活動にかかわったり、助言を行ったりする。

トライブ・リサーチにおいても本章の**4－2**で見たような行動の省察のためのマーケティング・リサーチが活用されている。プロトタイプ的な製品やサービスをつくり、試行してみることで、ネスカフェ アンバサダー プログラムの事例でも見たように、ターゲットとなる顧客の特性や、重要となる製品やサービスの便益が明確となっていく。そのうえで、**4－1**で取り上げたような質問票調査やインタビューなどを行うようにすることで、より焦点を絞った調査の実行が可能になるという（**図表3－4**）。

6－12　オブザベーションは、イノベーションを、なぜ、どのように促進するか[8]

佐々木仰は、デザイン・シンキングで知られるIDEOとの共働経験があり、現在は株式会社インフィールドデザインを主宰する。佐々木は数々の企業の開発プロジェクトをサポートするなかで、オブザベーションという手法に手応えを感じている。

パナソニックのレッツノートは、高性能の小型軽量のノートパソコンである。落下による衝撃などのダメージに強く、長時間屋外でも使えるマシンとして、ビジネスユースなどを中心に高い評価を得ている。このレッツノートのラインナップのなかに「2in1タイプ」というユニークなスタイルのノートパソコンがある。2in1タイプは、画面が360度回転し、パソコンでありながらタブレットのようにも使える。

2in1タイプの開発は、どのように行われたか。この開発には、佐々木がユーザー調査からデザイン開発までのプロセスにかかわっていた。佐々木が、この開発プロジェクトに参加するにあたって抱いていた問題意識は、パナソニックに限らず、日本の大企業では、開発プロジェクトのメンバーの当事者意識が低いということだった。プロジェクトのメンバーのなかには、開発にかかわる製品やサービスを – 消費財や、個人向けのものであるにもかかわらず – 自分自身は日常的に使っていないという人が少なくなかったりするのである。

そのために、開発にあたって、「今までになかった新機軸を取り入れるように」との指示を受けても、開発プロジェクトのメンバーたちは戸惑う。そもそも自身が使った経験のない製品やサービスである。開発メンバーたちが、ユーザーは何を必要としているかを、既存のスペックの枠組みを越えて思い描くことは難しい。何かのはずみで、今までにはなかった新機軸につながるようなアイデアに出会ったとしても、その評価を、ユーザー体験を共有できていない開発メンバーたちは確信をもって下すことができない。佐々木は、開発チームの当事者意識の弱さが、企業からユーザーにイノベーティブな提案を行う活力を削いでいるのではないかと考えるようになっていた。

6-13　オブザベーションにこだわる理由

佐々木はレッツノートの開発プロジェクトに参加し、「自分ごとの壁」を乗り越えるための取り組みとしてオブザベーションを行うことを提案した。従前より

図表3－5　3つのオブザベーション

ドキュメント入手による オブザベーション	ユーザーへのインタビュー調査、活動記録作成の依頼など
フィールド訪問による オブザベーション	オフィス、工場、店舗、ストリート、家庭などを訪問して行う観察など
フィールド体験による オブザベーション	ラボではなく、ユーザーと同様の状況に身を置いて、実際に製品・サービスを使用してみることで生まれる気づきなど

出所：筆者作成

佐々木はオブザベーションの活用を重視してきた（**図表3－5**）。

このレッツノートの開発プロジェクトで行われたオブザベーションは、ユーザーの利用状況を、各種の観察を通じて知ることだった。第1に、モバイルでノートパソコンを使っているビジネスパーソン数人に協力をあおぎ、その実態を知るべく、一定期間の活動を日記形式で記録してもらった。第2に、開発メンバーがオフィスなどを訪問して、実際の仕事ぶりを観察させてもらうフィールドワークを実施した。これらの観察から開発メンバーは、「ああ、こういうことだったのか」、「こんな工夫をしていたのか」といった気づきを得ることができたという。

そして佐々木たちはオブザベーションの第3として、開発メンバーが自らユーザーとなる機会をつくった。開発メンバーが自らノートパソコンをモバイルで使い、その体験を観察の対象とするのである。そのために開発メンバーは出張の業務命令を受けることになった。目的地は愛媛県宇和島市の宿泊施設である。そして現地到着後に、開発プロジェクトをめぐる合宿が行われた。

レッツノートの開発拠点は関西にある。そこから四国の宇和島へと移動するなかでノートパソコンを自身で使用するというミッションが、開発メンバーには与えられた。自らを観察対象とするオブザベーションである。移動手段としては、メンバーごとに高速バス、鉄道、飛行機など、異なる経路が割り当てられた。そして道中でモバイルワークを行い、その体験を出張報告にまとめて、合宿にのぞむ。このミッションのもとで開発メンバーは、たとえば、車中の絶え間ない微振動のなかでのモバイルワークは、目への負担が思っていた以上に大きい、などの体験を味わった。

こうしてたどり着いた宇和島市の宿泊施設では、開発メンバーが各人の体験を持ち寄り、レッツノートの新しいモデルのあり方を検討する合宿が行われた。自らの体験から、モバイルパソコンの価値を、ユーザーの立場で語ることができるようになったメンバーたちは雄弁だった。合宿では時間を忘れて語り合った。そして、たどり着いた、「手書きのメモ帳やノートのような、融通無碍で多少手荒でも自在に使えるノートパソコン」というアイデアが、2in1タイプに結実していく。

この出張合宿が、開発メンバーにとって新鮮だったのは、彼らが日常的にはモバイルワークに消極的だったからである。なぜなら、社外へのパソコンの持ち出しには、面倒な手続きが必要であり、わずらわしい申請に時間を費やすよりも、ラボで仕事を片付ける方が効率的だったのである。

佐々木がそこに持ち込んだオブザベーションという方法は、開発の前提となっていた枠組みの外にある新しい価値の可能性に、メンバーの目を転じ、彼らが新しい行動に取り組む契機を生み出した。それまでのレッツノートでは、たとえば落下による衝撃に強い、バッテリーの稼働時間が長いといった、すでに確立された便益の理解のもとで新モデルの開発を行っていた。そこから抜け出し、ノートパソコンをタブレットのようにも使えるようにするといった新しいアイデアを、積極的に見いだし、実現していこうとする。このような動きを活性化していくには、開発メンバー一人ひとりがモバイルパソコンとしてのレッツノートがどうあるべきかを、自分ごととして理解していくことが重要となる。

オブザベーションは、開発者にユーザーとの一体感をもたらす。佐々木は、この開発者のマインドの醸成が、オブザベーションの重要な役割だと考えている。一方でオブザベーションには、開発に役立つさまざまなデータや情報の入手という役割もある。しかしそこで、開発者をお手伝いするマーケティング・リサーチの提供者が、入手したデータや情報を手際よく分析し、見栄えのよい客観的なレポートをつくることには、開発者を助けるようでありながら、問題も大きい。この手助けを行うことで、開発者にユーザーとの一体感をもたらす効果が喪失してしまっては、本末転倒なわけである。このような問題意識を培いながら、佐々木はオブザベーションを活用し、従前の枠組みを超えた製品やサービスの開発をサポートしている。

SECTION 7 結論

イノベーションには、最先端の技術のフロンティアに挑むテクノロジー・イノベーションに加えて、マーケティングの領域から新たなビジネスモデルを開発するバリュー・イノベーションがある。本章では、このバリュー・イノベーションを支援するマーケティング・リサーチのあり方を検討した。この企業家的行動の支援につながるマーケティング・リサーチは、**図表3－1**に示したように複数あり、そのひとつに頼るだけでは、バリュー・イノベーションの連鎖が次々に広がる状況を企業や産業につくり出すことは難しいだろう。バリュー・イノベーションの活性化のためには、予測の精度の向上のためのマーケティング・リサーチに加えて、各種の市場実験から知見を収集するための３つのマーケティング・リサーチの活用に注力していく必要がある。

バリュー・イノベーションは、人工的世界における再帰的なプロセスを通じて進行する。したがって、バリュー・イノベーションにかかわる企業家が直面する不確実性には、F.ナイトが述べた３つの不確実性のすべてが含まれることになる。この３つの不確実性のなかの第３の不確実性は、サイモンがいう「つくり出すことができる」人工的世界における未来の不確実性だと考えることができる。この理解を踏まえると、フォーカスグループや質問票による調査、あるいは行動データやセンサスなどを踏まえた分析をいかに重ねても、バリュー・イノベーションのための予測の精度の向上には限界があるといわざるを得ない。そのために熟達した企業家は、マーケティング・リサーチを信用しないということが起こるのだと考えられる。すなわち、バリュー・イノベーションを活性化するためには、予測のためのマーケティング・リサーチが貢献する余地がないわけではないが、それだけでは十分ではないことも理解しておく必要がある。

そこで本章では、ネスカフェ アンバサダー プログラムというバリュー・イノベーションが生み出されていったプロセスの事例を振り返り、予測のためのマーケティング・リサーチに限定されないマーケティング・リサーチ、－ すなわち企業家の役割を担うマーケティングや商品開発の担当者に、行動の省察をうながしたり、逸脱事象との遭遇の機会を増やしたり、観察対象との一体化をもたらしたりすることを支援するマーケティング・リサーチ － が、バリュー・イノベーションに貢献することを、先行研究による知見なども踏まえて検討した。

社会のなかでは、企業だけではなく、その顧客となる個人や組織なども含めたさまざまなプレイヤーたちが、日々さまざまな市場実験を行っている。企業家の役割を担うマーケティングや商品開発の担当者が試みる実験的な活動、あるいは製品やサービスの利用者がすでに試みている実験的な活動からも、マーケティング・リサーチはイノベーションに有用な情報を入手することができる。バリュー・イノベーションを支援するマーケティング・リサーチは、予測に加えて、イノベーションのアイデアにつながるプロトタイプを用いた市場実験を実行し、データや情報を収集するとともに、市場の典型や平均からは逸脱した個人や組織が行っている実験的行動からの知見も収集し、観察者と観察対象との一体化を導くことから生まれる可能性にも向き合うべきである。

このようなバリュー・イノベーションを支援するマーケティング・リサーチの事例として、本章はピラミッディング、エクストリーマー・リサーチ、トライブ・リサーチ、そしてオブザベーションを取り上げた。これらの事例から私たちが学ぶことができるのは、逸脱事象との遭遇のためのマーケティング・リサーチの有効性を高め、その結果を事業化につなげていくための市場の予測と行動の省察を、主体性をもって進めていこうとする時に、マーケティング・リサーチはどのような課題に直面し、その克服のためにどのような対応が求められているかである。以上の検討から浮かび上がってくるのは、マーケティング・リサーチがバリュー・イノベーションに向かう活動の活性化に貢献するには、予測の精度の向上のためのマーケティング・リサーチに加えて、市場実験というシミュレーションにもとづくアプローチも取り入れながら、その活性化に貢献していく必要性である。

（1）本章は栗木（2022k）をもとに大幅な加筆修正を行ったものである。

（2）以下のネスカフェ アンバサダーの事例は、栗木（2017c; 2022b）、および筆者のネスレ日本株式会社へのインタビュー 2016年11月16日、2017年2月14日をもとに作成した。

（3）このネスレ日本の行動は、どのような情報を市場からいかに獲得しながら、事業を進めていくかという点で、第2章で見たセブン－イレブンの行動とも共通する。セブン－イレブンは、POSデータを発注のための精度の高い予測に活用する一方で、各店舗で新しい販売方法の仮説を考えては実行し、その結果を迅速に確認するためにPOSデータを用いていた。

（4）第2章でも取り上げた中動態とは、能動態と受動態の中間にある文の態である。この中動態は、主体は活動過程のなかにいるが、いまだ主体としては出現していない状態を表現するためにある（石井 2022, pp.315-318）。マーケティングや商品開発の担当者が、ユーザーという客体に能動的にアプローチしつつも、ユーザーからの影響を受けつつ自ら考えたり、行動したりする状態は中動態的だといえる。

（5）以下のピラミッディングの事例は、栗木（2022f）、および筆者の株式会社博報堂へのインタビュー 2022年11月4日をもとに作成した。

（6）以下のエクストリーマー・リサーチの事例は、廣田（2022, pp.286-317）、栗木（2022d）、および筆者によるMARL DESIGN STUDIOへのインタビュー 2022年12月6日、2023年6月29日をもとに作成した。

（7）以下のトライブ・リサーチの事例は、栗木（2022a）、および筆者による株式会社SEEDATAへのインタビュー 2020年3月27日、株式会社博報堂へのインタビュー 2022年4月15日をもとに作成した。

（8）以下のオブザベーションの事例は、佐々木（2020）、栗木（2023b）、および筆者による株式会社インフィールドデザインへのインタビュー 2022年11月21日をもとに作成した。

Chapter 4

第4章
イノベーションを導くための行動のミックス

SECTION 1 はじめに

本章で取り組むのは、企業家的機会をとらえ、イノベーションを実現していく要諦と見なされてきた新結合の進め方の検討である。イノベーションには新結合が欠かせないわけだが、起業や新規事業のプロジェクトを開始する以前にあった事業の組み立てを変えたり、そこに新しい要素を組み込んだりしさえすれば、企業家的機会をとらえるのに十分だというわけではない。新規性のある組み合わせであれば、何でもよいわけではないのである。

新結合は、S. サラスバシーがクレイジーキルトと名づけたように、目的 ― すなわちプロジェクトのゴール ― を見直しながら、事業を構成する複数の要素を組み替えつつ進んでいくなかで実現することになる。このプロセスにおいては、目的をはじめとする、さまざまな固定観念の枠を外すことに取り組んでいく必要がある。

迅速に動くマーケティングが必要だとはいっても、闇雲に動き回ればよいわけではない。バリュー・イノベーションの実現に必要な条件を探索し、より可能性が高い手続き合理性もとで行動していくことが、企業家の行動の有効性を高める。

では、そこでは、新結合めぐって、どのように行動していくことが望ましいのか。そして、それはなぜなのか。この問題をめぐって本章では、第3章と同様にバリュー・イノベーションを前提に、エフェクチュエーションの行動原則が果たす役割を、事例を踏まえて検討する。

SECTION 2 用途を決めつけないことから新市場を獲得したmt

2-1 古い革袋に新しい酒を盛る

経済学や経営学の標準的な理解にもとづけば、社会や産業を変革し、新しい価値と富を生み出すイノベーションは、J. シュンペーターがいう「新結合」によって実現する。シュンペーターによれば、新結合によって製品やサービス、生産方法、販路、供給源、そして組織に新しい組み立てが生まれることで経済発展が実現する（Schumpeter 1926, 訳 pp.180-185）この創造的破壊は、古い革袋に新しい酒を盛るような活動となる。新しい酒とは、最先端技術の導入や、既存技術のそれまでは見逃されていた新しい活用方法などである。この刺激に満ちた新しい要素を古い既存のシステムに注ぐと、古い皮は破れるわけだ。

バリュー・イノベーションのプロセスでは、個人企業家や企業の新規事業開発のチームなどがプロジェクトを進めていくと、当初より保持していた手段に加えて新たなリソースが利用可能になったり、事業にかかわるネットワークが広がったりしていく。そしてそのなかで、当初の目的とは別のところに、より有望な可能性が存在することが見えてきたりする。古い枠組みは破れ、新しい仕組みが必要となる。そこでは、固定観念にとらわれずに、事業の目的や定義を見直すことが、新たな飛躍を事業にもたらすことが少なくない。

S. サラスバシーは、企業家たちが目的やゴールを随時見直しながらプロジェクト進めていく行動は、クレイジーキルトのようだと述べている（Sarasvathy 2008, 訳 pp.115-117; Read et al. 2011, pp.113-115）。クレイジーキルトとは、布を不規則に縫いつけ、刺繍を施したりしてつくり上げていく観賞用のキルトである。ジグソーパズルなどのように、完成型となる図柄があらかじめ定まっているわけではない。このクレイジーキルトの特徴は、起業や新規事業に求められる柔軟さに通じるところがある。

以下では、カモ井加工紙のマスキングテープのmtの誕生のプロセスを取り上げ、クレイジーキルトとして進行していくバリュー・イノベーションのプロセスを振り返る。こうしたイノベーションをもたらす新結合は、なぜ、どのようにクレイジーキルトとして実現するのだろうか。

2-2　日本で生まれた文具・雑貨用のマスキングテープ(1)

カモ井加工紙株式会社はマスキングテープの国内トップメーカーである。岡山県倉敷市に本社を置き、2021年度の年商は145億円である。

マスキングテープは、工場や建築現場などで塗装やシーリングなどを行う際に、塗るべき範囲以外の箇所をカバー（マスキング）するために使われる。マスキングテープは片面に粘着剤を塗布した紙のテープであり、刃物を使わずに手で切ることができ、貼られたものの表面を傷つけずにきれいに剥がすことができる。日本では、薄い和紙を用いたマスキングテープが主流になっている。

マスキングテープの用途は長らく工業用だったが、現在のカモ井加工紙ではその売上の15％ほどを、文具・雑貨用が占めるようになっている。文具・雑貨用のマスキングテープは世界的にも珍しい。カモ井加工紙の文具・雑貨用途のマスキングテープのmtは、どのようにして誕生したか。

2-3　思いもよらない訪問者

2006年の夏、カモ井加工紙に東京の3人の女性のグループから、工場見学をさせて欲しいという依頼のeメールが届く。この時点では、カモ井加工紙はもっぱら工業用にマスキングテープの製造・販売を行っており、文具・雑貨としての用途があるとは夢にも思っていない。

この女性たちは、仕事ではなく趣味として、マスキングテープに夢中になっていた。彼女たちの職業はカフェのオーナーやデザイナーやアーティストであり、マスキングテープをアートの素材やカフェの値札、お菓子のラッピングや封筒の装飾などに利用していた。仕事との接点はあったものの、マスキングテープでビジネスを行おうとしていたわけではなく、彼女たちの工場見学の目的も、自分たちのビジネスを広げることではなかった。

彼女たちは、「紙が好き」という共通項でつながる仲間だった。マスキングテープは、くっつけて、剥がしても、紙の表面を傷めない。紙好きとしてこれが気に入り、マスキングテープへのかかわりを深めていた。

当時のマスキングテープは、工業用の使用を前提にしたセット販売で、バラ売りは行われていなかった。しかし、文具・雑貨の用途であれば、ひとつの色のマスキングテープを工業用のように大量に使用することはない。彼女たちは共同で、近隣のホームセンターなどでセット販売されている各種のマスキングテープを購入し、バラして分け合い、色の組み合わせ方などを試したりしていた。

そんな彼女たちが、自分たちのマスキングテープの使い方をまとめた小冊子を作成したところ、周囲の人々から好評を博した。気をよくした女性たちは、小冊子の第２号にとりかかっていた。そして、そのコンテンツのひとつとして、マスキングテープが生まれてくる工場を見学し、取材記事にしたいと考え、先のメールとなったのである。

2－4　断りの返事を誰が出すかの押しつけ合い

以上の工場見学依頼メールに至る女性たちサイドの経緯を、工場見学依頼のｅメールが届いた時点では、カモ井加工紙はまったく知らない。社内の問い合わせ窓口からメールを引き継いだ本社の営業担当者は、東京の人からの依頼だからと、東京支社の営業担当者に対応を委ねた。しかし女性たちは工業用途のユーザーではなく、カモ井加工紙の営業活動の対象ではない。東京の営業担当者は難色を示し、宙に浮いてしまった案件への対応を、本社総務課の高塚新が引き取り、営業担当常務の谷口幸生（担当・職位は当時）と相談しながら対応を進めることになった。

今でこそ、カモ井加工紙はファクトリーツアーなどを積極的に手掛けるようになっているが、この当時は技術の漏洩防止などの観点から、工場への部外者の立ち入りは原則として認めていなかった。そのなかにあっての誰が女性たちに対応するかの社内交渉は、どの部署が断りの返事を出すかの押しつけ合いだったのである。

カモ井加工紙だけではない。３人の女性たちは国内の他のマスキングテープの主要メーカーにも取材依頼のメールを送っていた。しかしすべて断られていた。

2－5　想定外の特性が評価されていた

なかなか返事が来ないことに業を煮やしたのか、女性たちは小冊子の第１号を見本としてカモ井加工紙に送りつけてきた。これがひとつの転機となる。

谷口は、「この冊子を見て、見る目が変わった」と語る。小冊子にはマスキングテープの用途や、透け感や色の組み合わせの効果などが記されていた。女性たちがマスキングテープを深く知ろうとしていることがわかり、共感を覚えたという。さらに、彼女たちが小冊子で取り上げていたマスキングテープの特性が、カモ井加工紙が注目していなかったものであったことにも興味がわいた。

たとえば、この小冊子には、鉛筆、ボールペン、マジックなどによる、各種のマスキングテープへの書き味の評価などが記されていた。カモ井加工紙では、工業用の各種の用途に応じたマスキングテープの開発や改善のために、粘着力や引っ張り強度、伸びなどの各種のテストを行っていた。しかし、そのテストの項目に塗料の乗り具合はあっても、筆記具との相性までは含まれていなかった。

あるいは、工業用のマスキングテープは、現場で職人が、手で切って使う。そのためにカモ井加工紙では、手でいかに真っ直ぐに切れるようにするかにこだわっていた。ところが彼女たちは、それでも刃物で切ったように鋭角的にはならない微妙な切り口を、「かわいい」と評価していた。

2－6　新しい事業の柱の必要性

こうして彼女たちの工場見学は実現した。その際に受けた「オリジナルカラーのマスキングテープをつくって欲しい」という依頼には、すぐに応えることはできなかった。しかし、谷口は「面白いかも」と思ったという。なぜ、面白いと思ったかというと、それは「新しい事業の柱を、自分たちの世代でひとつ立てたい」という、以前から抱いていた思いにつながる可能性を感じたからだった。

カモ井加工紙の創業は、1923年である。この創業の事業はハイトリ紙だった。高度経済成長期までの日本では、町中でも蠅（ハイ）があちこちを飛び交っており、商店や民家では、追っても追い切れない蠅を捕獲するために、ハイトリ紙を室内につるしていた。ハイトリ紙とは、蠅を捕るために、粘着剤を塗布した紙のテープである。カモ井加工紙は、ハイトリ紙のTVコマーシャルを全国に流すトップメーカーだった。

しかしカモ井加工紙が、ハイトリ紙の製造と販売という事業の範囲にとどまっていれば、企業としての存続は難しかっただろう。時代の変化のなかでカモ井加工紙は、粘着剤や紙への知識を生かせるマスキングテープに目をつけ、転身をはかった。事業の新しい柱を立ててきたからこそ、今がある企業だったのである。

この体験が、新しい事業の必要性への思いにつながっていた。とはいえ思いはあるものの、どのような事業を行えばよいかが具体的に見えていたわけではない。この心のなかに秘めていた可能性が、今、目の前に現れたのかもしれない。

2-7　異なる生産のロットサイズ

こうして、カモ井加工紙では谷口を中心とした少人数のチームによる、文具・雑貨用のマスキングテープの開発プロジェクトがスタートした。同じマスキングテープとはいっても、工業用と文具・雑貨用とでは、事業の組み立ては大きく異なる。文具・雑貨用となると、色に加えて柄のバリエーションの多彩さが、ユーザーを引きつける決め手となる。単に色の数が多ければよいわけではなく、色味や透け感などへのこだわりも欠かせない。

一方で、文具・雑貨用のマスキングテープは、生産のロットサイズが小さくなる。同色のテープが工業用のように大量に使用されるわけではなく、多品種少量生産とせざるを得ない。

それ以前のカモ井加工紙では、製紙メーカーの段階で着色された紙を使用して、マスキングテープを製造していた。しかし、文具・雑貨用のマスキングテープに適した生産のロットサイズは、製紙メーカーに発注できる取引の最小単位をはるかに下回っていた。

谷口たちは、まずは製紙メーカーよりも小ロットでの着色に応じてくれる印刷工場を探して、発注することにした。そしてさらに、それよりも小ロットの印刷が適切だと考えられたことから、新たに設備投資を行い、自社内に印刷機を備える。

それまでのカモ井加工紙の社内には、印刷技術にかかわる経験や知見はなかった。しかし自分たちで印刷機をもつことにしたのは、製紙メーカーや印刷工場では規格外となってしまう小ロットでの印刷が、多品種少量の文具・雑貨用のマスキングテープの生産には必要だったからである。デザインだけであれば外部のデザイナーに発注できるが、印刷ができなければ製品にはならない。谷口たちは、生産のボトルネックの解消のために、印刷にかかわる投資とノウハウ習得を進めた。なお、投資とはいっても、これらの新規の活動は、商品を少量につくっては、売れることを確認しながら拡大していっていたので、小さな金額であり、社内で反対を招くことはなかった。

2-8　変わるマーケティングの組み立て

さらに取り組むべき課題があった。マーケティングの組み立ても変える必要があったのである。

文具・雑貨用のマスキングテープは、多様な色、柄のテープを少量ずつ用意し、店舗ではバラ売りが中心となる。そのためにどうしてもコスト高となり、単位当たりで比較すると工業用の３倍ほどの価格となってしまう。

そこで谷口たちは、文具・雑貨用のマスキングテープのために新たに「mt（エムティー）」というブランドを新たにつくり、パッケージングのデザインも変えて、工業用のマスキングテープとの区別を明確にして販売を行うことにした。工業用と文具・雑貨用の双方のユーザーに混乱を引き起こさないように、同じマスキングテープでも工業用とは性格の異なる商品として区別して販売していく必要を感じたからである加えて新たな販売チャネルの開拓も必要だった。谷口たちは、生活雑貨関連の展示会への出展などを行い、それまではマスキングテープを扱っていなかった文具店や雑貨店などへの営業に取り組んでいく。

そして谷口たちは、販売促進のために、マスキングテープの活用方法のワークショップなどを全国各地の都市で開催したり、ファクトリーツアーを行ったりするなど、mt のファンの育成と交流のためのイベントに力を入れるようになっていく。mt の公式ウェブサイトについても、工業用のマスキングテープのサイトとは別に制作することにした。

2-9　クレイジーキルトとして進んだ新規事業

その後のカモ井加工紙についていえば、主力の工業用のマスキングテープの事業を拡大させつつ、mt の事業を確立していく。待望の新たな事業の柱の獲得である。3人の女性たちからカモ井加工紙に工場見学の依頼のメールが届いた2006年の当時と比べると、現在ではカモ井加工紙の売上高は3倍ほどに拡大し、その15%ほどを mt が占めるようになっている（2021年度）。

mt の売上が伸び、新たな事業の柱へと育っていくなかで、カモ井加工紙の社内の雰囲気も変わったという。工業用のマスキングテープの部門でも、アートという、以前は奇異なものと見られがちだった存在が受け入れられるようになっている。求人にも好影響が出ているし、工業用の部門でも工場への見学を積極的に受け入れ、カモ井加工紙の製品への愛着を高めようとする動きが生まれている。

この一連のプロセスを振り返ると、イノベーション － すなわち既存の事業とは異なるところに新しい価値を生み出す事業の創出には、事業にかかわる各種の活動やリソースと、その組み立てを見直していく必要がある。事業というものは多くの要素を組み合わせた構成体であり、そのためにイノベーションはクレイジーキルトのように進行していく。

文具・雑貨用のマスキングテープは、工業用との共通点が一定の範囲ではあるものの、その事業の組み立ては大きく異なる。同じマスキングテープでも、工業用ではなく、文具・雑貨用として販売しようとすれば、カモ井加工紙は生産のロットサイズ、さらには印刷方法、製品バリエーション、価格設定、販売店舗、そして販売促進などの事業を成り立たせる諸要素を一新していかなければならなかった。

カモ井加工紙は、文具・雑貨用のマスキングテープという、本当に実現するかどうかはわからない可能性にコミットして、マスキングテープの評価項目、生産や発注のロットサイズ、そして営業や販売促進の手法などを切り替えながら、新しい仕組みをつくり上げていった。そしてその結果として、文具・雑貨用のマスキングテープのmtというかたちで、シュンペーターのいう「新結合」が実現する。3人の女性たちというリードユーザーの工場見学の受け入れからはじまったこの歩みは、美しいクレイジーキルトをカモ井加工紙にもたらした。

SECTION 3 アラジントースターにクレイジーキルトをもたらしたコミットメント

3-1 イノベーションはクレイジーキルトのように進行するという意味

企業家たちがイノベーションを生み出す行動は、クレイジーキルトのように進む。このサラスバシーの見立ての含意を、あらためて振り返ろう。

事業というものは、パッチワークのように、さまざまな要素が組み合わさることで成り立っている。そしてそこに組み込む要素を入れ替えたり、新しい要素を加えたり、組み合わせ方を切り変えたりすること、すなわち新結合によって、産業や社会に潜在していた事業の価値が新たに引き出されることがある。ここにイノベーションが生起する可能性の源泉があるわけで、新結合は産業や社会を変えるとともに、その担い手となる個人や組織に新たな市場獲得や効率化の機会という企業家的機会をもたらす。

カモ井加工紙の事例に見てきたように、マスキングテープは、色や柄のバリエーション、生産や販売のロットサイズなど、事業の各種の要素の組み合わせ方を変化させることによって、工業用から文具・雑貨用の mt へと生まれ変わり、新たな市場を獲得することができた。この潜在性を新結合によって引き出すことがイノベーションであり、サラスバシーが、企業家にはクレイジーキルトのように柔軟で、特定の市場にこだわらない行動が重要であることを指摘しているのも、そのためだといえる（Sarasvathy 2008, 訳 p.117）。カモ井加工紙が、「マスキングテープは工業用の製品だ」という枠組みに固執していれば、出会えたはずのイノベーションの可能性を見逃すことになっていたはずである。

同じマスキングテープの技術であっても、その用途を決めつけないことから、新たな市場の可能性が見いだされ、新しい事業の組み立てができ上がっていく。この特定の市場や、それに対応した事業の組み立てに固執しない姿勢が、起業や新規事業の可能性をとらえるためには欠かせない。

とはいえ一方で、カモ井加工紙と３人の女性たちとの幸運な出会いがなければ、mt は誕生しなかったともいえる。すなわち、市場の枠組みにとらわれない柔軟さは、イノベーションの実現のために個人や組織に求められる行動のひとつの条件であり、十分条件ではない。では、企業家的機会をとらえるためには、さらにどのような行動が必要となるのか。続いてアラジン・トースターの事例を検討することで、この問題について検討していこう。

3-2　技術は開発したが、市場が見いだせない(2)

株式会社千石は、大手メーカーなどから生産委託を受ける OEM 企業として、トースターやエアコン、ガスヒーターや石油ストーブなどの生産を行ってきた。2021年度の売上高で180億円、従業員で345名ほどの企業である。

アラジン・グラファイト・トースター（以下、アラジン・トースター）は、千石が自社ブランドで手掛ける高価格帯のトースターである。当時の高級食パンのブームなどを追い風に、2015年の発売以降、販売は年々拡大を続けている。OEM 部門が伸び悩むなか、自社ブランド事業が千石の新しい事業の柱となっており、現在では売上高の4割ほどを占める。

アラジン・トースターには、特許技術の遠赤外線グラファイトヒーター管が搭載されており、「外はカリカリ、中はモチモチ」のおいしいトーストを焼くことができる。グラファイトというヒーター管は、短時間で一気に高温となり、かつ発熱温度を最適にコントロールすることも容易であり、食材の加熱調理などに適している。人の体を温めるのにも適しており、トースターに搭載するまでは、暖房機に使われていた。

グラファイト管の技術は、そもそもは千石が開発したわけではない。国内の大手企業が研究を重ね、開発したものだった。千石はこのグラファイト管の技術を2012年に購入した。

優れた特性をもつグラファイト管であるが、この技術には難点もあった。グラファイトは、通常のヒーター管よりも生産コストが高く、高価格となる。しかし、グラファイト管という強力な熱源を、いつ、どこで活用すれば、高価であることに見合う価値が生まれるかを、グラファイト管の技術を開発した大手企業は見いだすことができなかった。

この大手企業は、市場とのマッチングがうまくいかなかったことなどから、グラファイト技術を手放すことを決断した。千石は2012年にこの技術を買い取り、自社の暖房機などに採用して、細々とした販売を続けていた。

3-3 技術上の創意工夫を重ねる

千石は、創意工夫を重ねて、ものづくりの可能性を引き出すことが得意な企業である。社内でグラファイト管を使って、試しにパンをトーストしてみたところ、うまく焼けた。そして千石は、さらにトースターの反射版などに工夫を重ねることで、短時間で高温を実現するグラファイト管の利点をうまく引き出すことに成功する。

とはいえグラファイト管は高価格であり、通常のトースターよりは当然価格が高くなる。大手企業にOEMで供給することを提案してみたが、断られた。課題はやはり価格であり、「こんなに高いトースターは売れない」といわれた。千石に残された道は、グラファイト管を使ったトースターの開発はあきらめるか、自社ブランドで販売するかのいずれかだった。

3-4　社内にあったブランドのリソース

一方の「アラジン」というブランドも、外部から千石が購入したものだった。このブランドは、アラジンの魔法のランプという火にまつわるイメージから、80年ほど前から英国や米国で暖房機などに使われてきた歴史をもつ。日本では、日本エー・アイ・シー株式会社が国内でのブランドの権利を獲得して、アラジンの石油ストーブなどの製造販売を行うようになっていた。

そして、その製造委託先が千石だったのである。2005年に日本エー・アイ・シーに事業継承の問題がもち上がった際に千石がブランドの権利を買収し、暖房機のブランドとして用いるようになっていた。

さて、グラファイト・トースターを開発したもののOEMで供給する目処のなくなった千石に残されていたのが、このアラジン・ブランドを活用した展開だった。しかし当時のアラジン・ブランドによる暖房機の販売は細々としたものだった。アラジン・ブランドの主力事業はクラシックなスタイルの昔懐かしい石油ストーブであり、固定ファンはついてはいたが、それ以上の展開は見込めずにいた。

一方で、調理家電の高級化は、当時の国内市場のひとつのトレンドとなっていた。しかし、いかにブームだからといっても、トースターの値段を高くすれば、それだけで製品が売れるわけではない。

3-5　ブランド再構築を意図したマーケティング

そこで千石は、アラジン・ブランドとグラファイト・トースターの特性を訴求するためのプレスリリースなどに力を入れ、報道やSNSなどからの情報拡散をねらうことにした。こうしたプレスリリースなどの取り組みは、OEMを主体とした企業だった千石にとっては初めての経験だった。しかし、ブランドとしての知名度を高めることが不可欠と考えた担当者が社内を説得し、実現した。

そしてアラジン・トースターのデザインについては、丸みを帯びたレトロな外観とし、トースターとしては珍しい、緑のカラーも用意するなど、アラジン・ブランドの歴史のなかで継承されてきたスタイルを守るようにした。この一目でアラジンとわかるスタイルは、アラジン・トースターが他の高級トースターとは一線を画する存在であることを、見る人に直感的に伝えるとともに、本物感を生み出すことになる。

アラジン・トースターの発売当初は、販路はオンライン直販と百貨店に絞った。価格を保って販売するには百貨店が適していると考えたからである。なお、その後に小型でより安価なアラジン・トースターの機種を発売して以降は、販路を家電量販店などにも広げている。

SECTION 4 クレイジーキルトを導く諸行動

4-1 2つの開発プロセスの共通点と相違点

カモ井加工紙のmtと千石のアラジン・トースターは、企業家的機会をクレイジーキルトにも通じる行動によってとらえている。そこにはいくつかの共通点があるとともに、相違点もある。

カモ井加工紙と千石は共通して、マスキングテープやグラファイト管の市場を、工業用、暖房用などと決めつけず、新たな用途開発に柔軟に挑むことで、イノベーションを実現している。また、両社には幸運な出会いの活用もある。カモ井加工紙は、3人の女性たちの訪問から文具・雑貨というマスキングテープの新たな用途に気づく。千石は、他社で開発されたグラファイト管の技術やアラジン・ブランドの譲渡を受けている。こうした出会いがなければ、mtもアラジン・トースターも誕生していなかったはずである。

一方で違いもある。カモ井加工紙が3人の女性たちとの出会いの後に、工業用で培ったマスキングテープの技術を活用して、mt を編み出していくプロセスには、枠組みにとらわれない各種の柔軟さがある。しかしそこに、プロジェクトが打ち切りとなりかねない局面があったかというと、それは見当たらない。

ところが、アラジン・トースターの開発にいたるプロセスは存続の危機に繰り返し直面する。一連のグラファイト管のプロジェクトの見通しは、繰り返し否定されている。第1にそもそものグラファイト管の技術を開発した大手企業は、市場性のある用途を見いだすことができず、この技術を千石に譲渡している。第2に千石が開発したトースターという用途も、OEM での供給を提案した大手企業から高価すぎて市場性が見込めないと採用を断られてしまう。いずれもグラファイト管の技術を製品に落とし込み、これをビジネス化しようとするプロジェクトを断念してしまいかねない局面である。

4-2　需要創造が課題だった mt

ではなぜ、このような相違が生じるか。市場とは需要の獲得をめぐる、企業間の競争の場だという理解（嶋口・石井 1987, p.15; Tedlow 1990, 訳 p.45; 高嶋・桑原 2008, pp.13-14）に沿って問題を見ていこう。カモ井加工紙の mt は文具・雑貨用のマスキングテープという、その開発を開始した時点では存在していなかった市場の開拓に挑んでいる。マスキングテープへの需要については、逸脱事象である3人の女性たちの用途が特殊である可能性はこの時点では少なからずあり、文具・雑貨の用途でマスキングテープを購入する人たちは、3人の女性たちとその周囲という限定的な小集団を除くと、存在しない。

とはいえ、この時点ではまだ誰も、文具・雑貨用の商品としてマスキングテープを本格的に市場に供給し、販売していないわけで、需要がないとも断言できない。少なくとも3人の女性たちとその周囲の小さな世界では、文具・雑貨としてマスキングテープを用いることが人気を得ている。この小さな世界に共感するか、しないかが、その後の展開を分かつ。

文具・雑貨用のマスキングテープに本当に需要があるかという問題については、各種のマーケティング上の行動を起こす前には、あるともいえないし、ないとも断定できない、雲をつかむような話とならざるを得ないのである。そのなかでカモ井加工紙は、許容可能な損失の範囲でプロトタイプ的な製品をつくり、mtとして販売することから事業を始動し、需要創造を実現していく。

4-3　競争対応が課題だったアラジン・トースター

これに対して、グラファイト管の問題にかかわっていた大手企業、そして千石が見ていたのは、トースター、あるいは暖房機などの市場だった。これは、すでに存在している市場であり、一定の需要は見込めるわけだが、別の問題があった。すでにあるトースターや暖房機の市場に、グラファイト管を使った製品を投入すると、何が起こるか。価格が競合製品を大幅に上回ってしまうことは確実である。たしかに、一気に短時間で高温となるグラファイト管は、加熱調理や暖をとるには適しているのだが、安価な類似製品との比較のなかで買い手に選択されることになった時の勝算には疑問を生じやすい。

アラジン・トースターは、より手頃な価格のトースターがズラッと並ぶ売り場のなかで、その魅力や有用性を訴求し、受け入れられなければならなかった。この価格面での競争問題についてはmtも、工業用のマスキングテープの3倍ほどの高価格になる。しかしmtは、アラジン・トースターとは条件が異なる。mtは、文具・雑貨用の専用商品として、工業用途とは別の売場に並べることができる。したがって、この安価な類似品との比較問題は回避しやすい。また工業用と文具・雑貨用ではマスキングテープの使用量も大きく異なるので、セット売りか、バラ売りかという販売単位も異なり、価格差は目立ちにくい。

4-4　起点はブルー・オーシャンか、レッド・オーシャンか

以上をまとめると、mtはこれまでの産業の枠組みの外にあって競争のないブルー・オーシャンを選択し、アラジン・トースターは、ライバル製品との競争に勝ち抜くことにしのぎを削るレッド・オーシャンを選択していたことになる[(3)]。この違いから、両者は異なる課題に直面することになる（**図表4-1**）。

図表 4-1　ブルー・オーシャンとレッド・オーシャンにおける課題

	需要	競争
ブルー・オーシャン	不確実	回避
レッド・オーシャン	確実	激烈

出所：筆者作成

ブルー・オーシャンでの起業、あるいは新規事業開発に挑めば、その初期に直面することになるのは、需要があるともないとも断定できない不確実性である。このような不確実性のもとでは、売れるか売れないかは、事前には誰も知ることができず、やってみなければわからない一方で、当初は競争を考慮する必要はなく、そのためにプロジェクトを許容可能な損失の範囲におさめておけば、その開始や継続は許容されやすい。

これに対して、レッド・オーシャンでの起業や新規事業開発では需要はすでにある。アラジン・トースターについていえば、家庭でのトースターの需要は確実に存在する。だがここで需要を獲得するためには、熾烈な競争を勝ち抜かなければならない。

そして、すでにあるレッド・オーシャンでの競争の勝算についての事前の見積もりは、ブルー・オーシャンにおける需要とは異なり、数値化した比較に持ち込みやすい。とはいえ、数量化した事前の検証が可能なことは、イノベーションにとっては好ましいことではないのかもしれない。数字をもとに「こんなに高価なトースターは売れない」と、プロジェクトが打ち切られやすくなってしまう。

4-5　そのコミットメントに、命がけの飛躍は必要か

アラジン・トースターの今があるのは、それにもかかわらず千石が、グラファイト管製品の市場を育成する取り組みを続けたからである。グラファイト・トースターを OEM で供給することを提案した大手企業からは、事業としての見込みはないと申し出を断られてしまう。しかし千石はあきらめずに、保有していたアラジン・ブランドを活用し、デザインに工夫をこらしたり、プレスリリースに力

を入れたりしながら、価格で選ばれることの少ないオンライン直販と百貨店に当初は販路を絞るなどの工夫を重ねて、着実に販売を伸ばしていく。

企業家的機会をとらえるには、このように確かな見通しはない問題への努力の投入が欠かせない。そして、そこで必要となるコミットメント － 新しい活動への主体的な関与 － については、サラスバシーが興味深い問題の指摘を行っている。この企業家の行動の当初においては、未来において実現しようとする事業の構想[4]が、イノベーションに参加するパートナーたちからコミットメントを引き出すことは難しいというのである（Sarasvathy 2008, 訳 p.116）。

事業の構想とは、個人企業家、あるいは企業などの組織が、これからつくり出していこうとする未来についての見通しである。ところが起業や新規事業の初期に時点には、アラジン・トースターの事例のように、未来における需要のあり方は明確とはなっておらず、競争への勝算も立ちにくい。仮に事業の構想はあったとしても、それは頼りもなく、根拠の薄弱なものとならざるを得ない。クレイジーキルトはこのように、「何ができあがるかは曖昧模糊としている」という不確実性を受け入れての前進を、参加する個人や組織に求めることになる。

mt の開発のプロジェクトにおいても、当初求められていたのは、未来志向の新しい行動への参加であった。しかしここでも事業の明確な見通しが、事前に用意されていたわけではない。このような条件のもとで必要とされるのが、K.マルクスが述べた「命がけの飛躍」にも通じる － 原始の部族間の交易における最初の交換の遂行に求められるような － コミットメント（Marx 1934, 訳 p.110; 石井 1993, pp.243-244）である。企業家的機会をとらえるためには、結果の確証がないなかでの参加を求められるのである。

こうした飛躍をともなう行動がイノベーションに欠かせないことは、ブルー・オーシャンであろうとレッド・オーシャンであろうと変わらない。しかしレッド・オーシャンでは、このコミットメントのもとで前進を続けることへの障壁がより高くなる。なぜなら、イノベーションに求められるのは、すでにある市場の枠組みを乗り越えることなのだが、ブルー・オーシャンとは異なり、レッド・オーシャンのもとでは、プロジェクトの関係者の関心が競争対応に向かうあまり、すでにある市場の枠組みを離れた発想が生まれにくくなってしまうからである。

レッド・オーシャンにいることが問題なのではなく、レッド・オーシャンとして問題をとらえてしまうことが問題なのである。

「レッド・オーシャンでの熾烈な競争に勝てるか」と問うことは、新結合の評価を、すでにある市場の枠組みに引きずり戻すことになる。このレッド・オーシャンの問題は、競争の激しさというよりは、既存の市場の枠組みから離れられなくなってしまうことから生じる、企業家的機会の見逃しにかかわるものである。

C.W. キムと R. モボルニュは、イノベーションはレッド・オーシャンの延長として既存の産業を拡張することによっても生み出されると述べている（Kim & Mauborgne 2005, 訳 p.20）。では、なぜ、ブルー・オーシャンをめざすことがレッド・オーシャンよりも企業家的機会を手に入れるアプローチとして有望なのか。キムたちはその理由を明確に述べていないが、その理由は競争の激しさの問題ではなく、既存の市場の枠組みからの自由度の問題であることが、以上の考察から見えてくる。

SECTION 5 アスクルに見る機をとらえた目的の変更の重要性

5-1 事業の成長は「目的も変更」からも生まれる

イノベーションは新結合から生まれる。このシュンペーター由来の命題は、起業や新規事業にかかわる人たちの立場から見れば、イノベーションの必要条件のひとつであり、パッチワーク的に事業に何か新しい要素を結合しさえすれば、企業家的機会がとらえられるというわけではない。

本章では、mt とアラジン・トースターの２つの事例と向き合いながら、イノベーションにおいては新結合に加えて、いくつかの個人や組織の行動が加わる必要があることを見てきた。企業家的機会をとらえるために「新結合」を活用する際には、特定の市場にこだわらずに事業のあり方を考える用途開発、ユーザーや取引先などとのあいだで生じる幸運な出会い、そして命がけの飛躍となるコミットメントなどの個人や組織の行動にかかわる要素が重要な役割を果たす。

加えてイノベーションには、事業のスケール拡大が欠かせない。市場発のイノベーション ― すなわちバリュー・イノベーション ― では、その取り組みの初期には、第3章でも述べたように、市場の典型や平均からは外れたユーザーとの関係のなかからマーケティング活動が進んでいくことになる。しかし、この極めて数の限られた顧客への対応にとどまっている限り、そこから存在感のある事業が新たに生まれたり、ましてや産業や社会のあり方を変えてしまうような製品やサービスとなったりすることはない。

たとえばmtの誕生をうながした3人の女性たちは、文具・雑貨用のマスキングテープの有力なユーザーだが、彼女たちとその周辺で使われていたマスキングテープの消費量は、工業用のマスキングテープの需要と比べると、比較にならないほど小さい。カモ井加工紙は、この小さな需要にていねいに向き合うことで、マスキングテープの新しいあり方の構想の萌芽をつかみ、その実現のための生産の方法を新たに確立し、さらに全国でより多くのユーザーを獲得するべく、潜在的な可能性に向けて活動を広げていく。

同様にいきなり大きな市場をねらわず、小さな市場からチャネルやプロモーションを拡大していくアプローチは、アラジン・トースターにも見られる。だがmtやアラジン・トースターがこうした当初の小さな市場にとどまり続けていれば、私たちが身近でmtやアラジン・トースターを目することはなかっただろうし、カモ井加工紙や千石においても、これらのプロジェクトが打ち切られていた可能性は低くはない。すなわち、mtやアラジン・トースターの事例をイノベーションとして語ることができるような状態には、到達することがなかった可能性が高い。

イノベーションを導くプロセスは、時間の流れのなかで段階的に進む。初期の段階での小さな需要獲得に続いて事業を拡大し、成長を果たしていかなければ、プロジェクトは産業や社会を変えるにはいたらない。この事業の成長という課題のもとでは、開始したプロジェクトのゴールをプロジェクトの途上で見直すことが、その後の事業の可能性を変える重要な分岐点となることがある。そこではクレイジーキルトを構成するさらなる要素として、行動しながらゴールを変えていく目的の変更が重要な役割を果たす。

これはサラスバシーも述べていることだが、目的の変更もまた、クレイジーキルトにとって重要な役割を果たす（Sarasvathy 2008, 訳 pp.115-117）。目的の変更もまた、イノベーションを生み出す個人や組織の行動のひとつの要素である。続いてアスクルの事例を通じて、起業や新規事業を開始した後に、目的を変更することが、イノベーションをさらに大きな飛躍へと導く重要な瞬間となることがあることを振り返ろう。

5-2　自社製品の販路としてはじめた事業(5)

国内のネット通販の一翼を担うアスクル株式会社はかつて、事業の目的を変更したことで成長を加速化することに成功している。アスクルは現在ではソフトバンクグループに属するが、当初は文具メーカーのプラス株式会社の事業として1993年に設立されている。プラスが、この新しいカタログ通販を開始したねらいは、同社の文具の販売網の強化だった。

アスクルは、スモールオフィスに紙のカタログを配り、ファックスなどで受注する通販事業としてスタートした。その後インターネットの一般利用がはじまると、ネット通販にも乗り出していく。

文具の需要は消費者向け（B to C）よりも、事業者向け（B to B）のほうが大きい。だがアスクルの開始以前に、この事業者向けの販売ルートの主要部分は、業界最大手のコクヨとその系列販売網に押さえられていた。販路の競争力に劣るプラスは、コクヨがカバーしていない小規模事業所というニッチな市場にカタログ通販でアプローチしようとした。これがアスクルの出発点だった。

オフィス向けの文具通販は、当時としては新規性の高い事業だった。そしてこれは、プラスという文具メーカーによる、文具小売りという流通サービスへの進出であり、プラスにとっては従前の文具メーカーという事業の定義をはみ出す挑戦だった。

5－3　自社製品の販売の強化か、小売りサービスの充実か

ところが、文具メーカーとしての枠組みを飛び出し、小売りサービスに乗り出したことから、ある問題が発生する。プラスはアスクルをめぐるジレンマに直面することになる。

開業後のアスクルの小売りサービス事業は順調に伸びていった。ところがそうなると、顧客からは、品揃えの充実を求められることになる。顧客は「文具以外の取り扱いも充実して欲しい」、「プラス以外の商品ももっと利用したい」と希望する。小売サービスとしての魅力を高めようとすれば、特定のメーカーやブランドに限定されない幅広い品揃え －すなわち、社会的品揃え －が求められるようになる。

しかし、この要望に対応することは、プラス以外の企業、場合によっては競合他社の製品の取り扱いを増やすことにつながる。アスクルは、当初の目的であるプラス製品の販路の強化とは、必ずしも一致しない方向に進んでいくことを迫られる。すなわち、より重要なのは、小売りサービスとしてのアスクルの事業の拡大か、それともプラス製品の販路の強化か。いずれの目的を優先するか。この選択をめぐり、プラスはジレンマに直面する。

そのなかでプラスの経営陣は、育ちはじめたアスクルの事業を小売りサービスとして伸ばすことを選択した。伸び盛りのアスクルの事業の成長を優先することにしたのである。プラスは、アスクルの他社製品の取り扱いの拡大を認めるとともに、1997年にアスクルをプラスから分社化し、独立性を高めた。

その後のアスクルの売上は急速に拡大していく。1996年には56億円だったアスクルの売上は、３年後の1999年には471億円となる。この飛躍がなければ、現在のアスクルは存在しなかったといってよい（図表４－２）。

5－4　成長のための目的の変更

アスクルは、当初の目的を切り替えたことで成長機会をつかむ。現在のアスク

図表4-2　大きく成長したアスクル

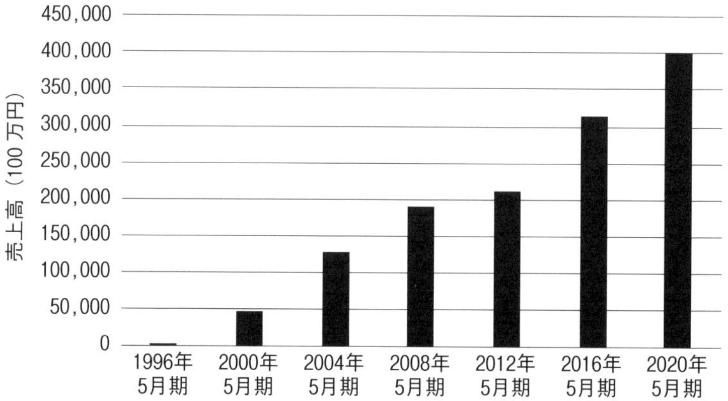

出所：池尾（1998）、およびアスクル株式会社の有価証券報告書をもとに筆者作成

ルの売上は4,000億円を超える。アスクルがプラス製品の通販という当初の役割に執着していれば、この大きな成長は生まれなかったはずである。

一方で、企業などの組織にあっては、このアスクルの役割変更のような切り替えには軋轢をともないがちであることについても考えておくべきだろう。プラスの社内にあっては、アスクル以外の各事業部門にもその期首、さらには中長期計画において定められた目的がある。そのなかでプラスの文具にかかわる事業部門の担当者たちは、他社との競争に日々しのぎを削っている。アスクルが競合製品も販売することになれば、彼らが「いったいどういうことか」とねじ込んでくるかもしれない。

そこで必要となるのは、プラスにとってのアスクルという事業の存在意義をめぐる、より上位の目的に立ち返っての検討である。プラスとアスクルについていえば、プラス製品の販売の競争力強化よりも、企業グループとしてのトータルな収益機会の拡大のほうが重要だとの経営判断がなければ、アスクルがプラス製品以外の取り扱いを拡大する方向に進むことは難しかったはずである。

この経営判断は、組織のトップマネジメントが担うべき問題であり、中間層のマネジャーたちには任せっぱなしにできない。組織の中間層のマネジャーたちは、こうした問題に直面した時に難しい立場に置かれる。中間層のマネジャーとしては、組織決定された担当部門の目的の達成に注力しなければならない。担当部門に課された目的の変更については、上層部に提案してみることはできても、この変更の実現に取り組むことは、自身の組織内での評価を高めるうえでは非効率だと思ってしまいがちでなる。

このことは、中間層のマネジャーの立場を考えれば理解できる。たとえば、アスクルのカタログ制作を担当するマネジャーにとってみれば、品揃えの充実のために事業の分社化を上層部に発案する前に、レイアウトの工夫や商品説明の改善など、取り組むべき課題はいくつもある。こうした立場にあるマネジャーは、部下からアスクル事業の目的変更をともなう提案があっても、この社内の軋轢が予想される事案の実現に力を入れようとはしないだろう。

そこで重要な役割を担うのが、企業のトップマネジメントの判断である。企業のトップマネジメントは、自社が全体としてめざすべき組織の方向性を踏まえて、各事業部門の目的を考えることができる。この目的をどのようにして実現するかについては、各事業部門に任せることになるのだが、そもそもの目的が的外れでは、組織に新たな展開が生まれることはない。この組織の方向性の判断がイノベーションを生み出し、飛躍させていくことに、企業のトップマネジメントはしっかりと向き合うべきである。

SECTION 6 結論

6-1 新結合だけでは実現しないイノベーション

企業家的機会をとらえる新結合は、個人や組織が行動を進めるなかで、事業にかかわる複数の要素を、時間の流れのなかで組み替えていくことで進んでいく。このことは、本章で取り上げたmt、アラジン・トースター、そしてアスクルの

図表 4－3　本章の事例が示す新結合をスケールアップしていくための諸条件

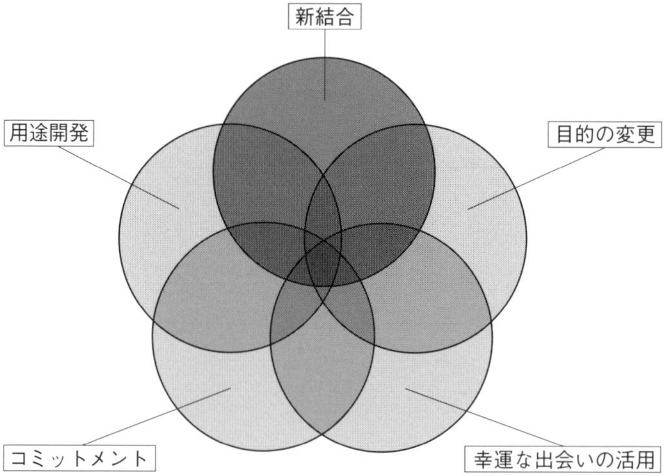

出所：筆者作成

3つの事例にも共通する。バリュー・イノベーションというものは電光石火のごとく瞬時に完成するものではない。これらの事業における新結合は、複数年にわたる時間を通じてできあがっていっていた。本章では新たに、そこでは新結合のほかに、「用途開発」、「コミットメント」、「幸運な出会いの活用」、「目的の変更」が重要な役割を果たしていたことを確認した（**図表 4－3**）。

時間の流れのなかに身を置けば、バリュー・イノベーションに至る各種のプロジェクトには幾度も想定外の事態が生じるし、それに応じた各種の見直しが必要となる。イノベーションを導く新結合は、このような時間の流れのなかでの個人や組織の行動から仕上がっていくものなのである。

そして、このプロセスのなかで企業家は、事業の組み立てを変えたり、新しい要素を組み込んだりする検討を行うことになるわけだが、それだけでイノベーションといえるような産業や社会の変革が実現するわけではない。本章で取り上げた3つの事例でも、カモ井加工紙や千石やアスクルが、製品の用途や事業の目的についての従前からの固定観念の枠のなかで、予期せぬ出会いや展開に対して主体的に関与することなく、事業の諸要素やその組み立てをいじっている限りでは、産業や社会を変えるイノベーションは生まれなかったと思われる。

起業や新規事業において、企業家的機会をとらえるためには、かつてシュンペーターが見いだした新結合への絶えざる挑戦とともに、事業にかかわる固定観念の枠を外すための行動に取り組む必要がある。本章の3つの事例を通じて浮かび上がってきたのは、事業についての固定概念の枠を外すために有効なのは、既存の製品やサービスのあり方にとらわれない「用途開発」を、ユーザーや取引先などとのあいだで生じる「幸運な出会いの活用」を通じて、何ができあがるかは見定まっていないなかでの「コミットメント」のもとで、プロジェクトの「用途開発」や「目的の変更」がもたらす可能性にも目を向けながら進める行動だということである。

カモ井加工紙と千石は、新結合を「用途開発」とともに進めることで、企業家的機会をたぐり寄せていた。このmtやアラジン・トースターの歩みは、エフェクチュエーションでいうクレイジーキルトの原則と共通する行動だといえる。アスクルの他社製品の取り扱いの開始による事業拡大についても、「目的の変更」をともなう新結合であることから、クレイジーキルトの原則の原則に沿った行動だといえる。

そして、カモ井加工紙や千石にとっての3人の女性たちの工場見学の受け入れや、グラファイト管技術の入手は「幸運な出会い」であるが、そこにあって両社はこの見学の受け入れや技術の買い取りへの「コミットメント」を、どのような事業にいかに役立てるかについては曖昧なまま行っている。またプラスも、アスクルを最終的にどのような事業に育てるかを確定する前に、その事業に「コミットメント」している。このような各社の「コミットメント」のあり方も、エフェクチュエーションにおけるクレイジーキルトの原則と通じるものだといえる。さらに、カモ井加工紙や千石は、3人の女性たちが提案したオリジナルカラーのマスキングテープやグラファイト管を使ったヒット製品をすぐに生み出すことができたわけではない。これらの「幸運な出会い」から成果を生み出すことに、当初の時点では両社は失敗していたともいえるわけだが、事業上の成果はその後の新結合を怠らなかったことから生まれていった。こうした展開はレモネードの原則に沿ったものだといえる。

以上のように、本章の検討から次の２つの理解が浮かび上がってくる。第１に、シュンペーターがいう新結合が、企業家的機会をとらえるものとなっていくためには、そこに個人や組織による、さらにいくつかの行動が加わる必要がある。第２に、エフェクチュエーションの５つの行動原則は、企業家的機会をとらえるために新結合に加えて必要とされる、固定観念の枠を外していく行動を生み出すためのレシピとなる。

6-2　市場とのかかわりにおける不確実性に、いかに対処するかという課題

残された課題は、本章でつかむことができたのは、起業や新規事業の文脈で固定観念の枠を外すために有効となる行動の理解の端緒にすぎないということである。バリュー・イノベーションにつながる企業家的機会をとらえることに貢献する「用途開発」、「コミットメント」、「幸運な出会いの活用」、「目的の変更」を、個人や組織の行動のなかで、いかにうながし、持続化し、活性化していくことができるかについては、その前提となる条件に目を広げながら、今後のさらなる探索や検証が必要である。すなわち、「用途開発」、「コミットメント」、「幸運な出会いの活用」、「目的の変更」を行いやすいのは、どのような条件のもとにある個人や組織かという問題が残されているのである。

本章の検討から浮かび上がってくるのは、固定観念の枠を外すための行動である「用途開発」、「コミットメント」、「幸運な出会いの活用」、「目的の変更」を直接的にうながすのは、クレイジーキルトの原則やレモネードの原則に沿った行動であり、これを、手中の鳥の原則、許容可能な損失の原則、そして飛行中のパイロットの原則に沿った行動が支援するという関係である。既存のリソースを活用して、小さな投資の範囲で、状況を常に省察しながら行動を進めることは、固定観念の枠にとらわれずに新結合に挑むことを容易にする。これらの行動のもとではリスクが少なく、新しい着眼がもたらされやすくなるため、行動を進めるなかで固定観念の枠を取り払う機会が増える。このように本章の検討を踏まえること

図表4－4　イノベーションを導く、市場における行動のミックスの見取り図

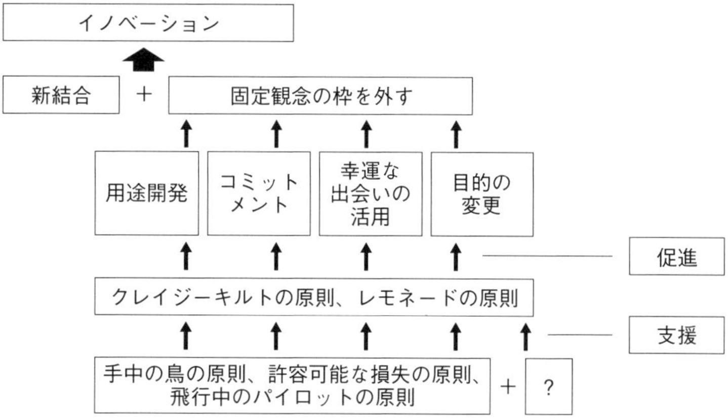

出所：著者作成

で、クレイジーキルトの原則とレモネードの原則に沿った行動がもたらす固定観念の枠からの解放を、手中の鳥の原則、許容可能な損失の原則、そして飛行中のパイロットの原則に沿った行動が間接的に支えるという、エフェクチュエーションの5つの行動原則が相互に支え合う関係の一端が新たに見えてくる（**図表4－4**）。

さらにいえば、起業や新規事業の文脈で固定観念の枠を外す行動いかにうながすかという問題は、個人や組織の内だけではなく、外にも広がっていく。外なるイノベーションの条件のひとつとなりそうなのが、本書の第2章で検討した個人や組織が市場とのかかわりにおいて直面する不確実性の問題である。本章で検討したバリュー・イノベーションの事例においては、市場とのかかわりにおいて企業家が出会う不確実性はイノベーションに挑むうえでの障壁ともなり、かつイノベーションが生まれる源泉ともなっていた。この不確実性の二面性に企業家はいかにかかわるべきかの検討は、本書の第5章以下で取り組む。

人工的世界において可能となるイノベーションは、これさえやっておけば、必ず実現するとは断言できない問題への挑戦となる。何を行えばよいかを事前に完全に示すことができない行動の成果であるからこそ、イノベーションなのだともいえる。

個人や組織がプロジェクトを進めるなかで、エフェクチュアルに、あるいは本章で検討した諸条件に沿って行動していれば、バリュー・イノベーションを実現するうえで十分だというわけではない。しかし、イノベーションにいたるプロセスにおいて出現する困難を乗り越えるうえで、これらの条件にかなう行動が一定の役割を果たすことについては、本章で事例を踏まえて確認してきたとおりである。起業や新規事業のなかで、事業を構成する複数の要素を組み替えつつプロジェクトを進めていく途上においては、個人や組織は「用途開発」、「コミットメント」、「幸運な出会いの活用」、「目的の変更」が果たす役割を理解し、プロジェクトに活用していくべきである。

本章では、企業家的機会をとらえることに成功した新規事業の事例をとり上げ、そこでエフェクチュアルな行動が果たしていた役割についての理解を深めた。バリュー・イノベーションにおいて、エフェクチュアルな行動が必要となるのは、端的に述べれば、企業家的機会をとらえるための個人や組織の行動は、本書の第２章で検討したナイトの第３の不確実性のもとで進行するからである。したがって、第３章で検討したように、企業家的機会を見いだすためには、市場予測のためのリサーチに限定されないマーケティング・リサーチの確立が必要となる。そしてエフェクチュアルな行動を進める際には、続く本書の第５章と第６章で検討を進めていくように、企業家にとっての市場は不確実性の海となることを踏まえて、エフェクチュアルな行動をいかに進めていくか、そしてこの行動を補完するさらなる行動原則を見いだしていくことが求められる。

（１）以下の mt の事例は、北村（2022）、栗木（2022e）、宮尾（2021）、吉田（2013; 2016）、ORICON NEWS（2021）、および筆者のカモ井加工紙株式会社へのインタビュー 2022年６月９日、2022年９月20日をもとに作成した。
（２）以下のアラジン・トースターの事例は、栗木（2021b; 2022f）、および筆者の株式会社千石へのインタビュー 2021年２月17日、2022年９月30日をもとに作成した。
（３）W.C. キムと R. モボルニュは『ブルー・オーシャン戦略』のなかで、レッド・オーシャンとブルー・オーシャンについて、次のように述べている。「レッド・オーシャンでは各産業の境界はすでに引かれていて、…競争相手が増えるにつれて、利益や成長の見通しは厳しくなっていく。製品のコモディティが進み、競争が激しさを極める…。対照的にブルー・オーシャンは市場として未開拓であるため、企業は新たな需要を掘り起こそうとする。…ブルー・オーシャンでは競争は成り立たない。なぜなら、ルールが決まっていないのだから。」レッド・オーシャンは、既存の産業の枠組みのなかにあって、激しい消耗戦を続ける市場であり、ブルー・オーシャンは、既存の産業の枠組みの外にある、競争相手のいない — あるいは、いるとしても極めて少数の — 市場である（Kim & Mauborgne 2005, 訳 p.20）。

（4）S. サラスバシーがこの箇所で用いている言葉は「事業の構想」ではなく「ビジョン」である（Sarasvathy 2008, 訳 pp.115-116）。しかし本書では「ビジョン」ではなく「事業の構想」とした。ビジョンという言葉は日本語においてが多義的に用いられ、未来において実現しようとしている事業の構想などの他に、個人や組織に宿る使命感などについても、ビジョンとして語られることがある（石井・栗木・横田 2015, pp.16-19）。この使命感というものは、その先に何ができあがるかは曖昧模糊とした行動に対しても、意気に感じての参加をうながしたりするわけで、企業家的なクレイジーキルトの推進へのコミットメントとの共通性が大きい。サラスバシーはビジョンという言葉を、こうした使命感なども包摂する意味で用いているわけではないと思われる。したがって本章では、サラスバシーがいう「ビジョン」は、「事業の構想」へと置き換えている。

（5）以下のアスクルの事例は、池尾（1998）および栗木（2021a）をもとに作成した。

Chapter 5

第5章
企業家が直面する不確実性というリソース

SECTION 1 はじめに

企業家は個人としての起業、あるいは組織のなかでの新規事業などを通じてイノベーションの実現にかかわる。そしてその取り組みは多くの場合、不確実性の海に漕ぎ出す行動となる。ここでいう不確実性とは、行動の主体が自らの行動の先に何が起こるかを、正確には予測できないという問題である。

では企業家は、事前の予測が通用しない未来に挑むうえで、いかに行動を進めていけばよいか。本章では、スタディサプリの10年ほどにわたる事業展開の過程を振り返り、分析を進めることで、この問いへの解の一端を探る。

企業家が市場にかかわる際の予測の困難さは、3つの局面にわけてとらえることができる（Milliken 1987）。第1は、未来の市場の状態（状態の不確実性）、第2は、市場での自らの行動が生み出す効果（効果の不確実性）、第3は、これらの状態や効果に反応しながら行動を進めていく、自らの目的やそこで必要となる能力（反応の不確実性）である。これらの3つの局面のそれぞれにおいて、企業家は自らの行動の先に何が起こるかを、正確には予測できないという問題のもとで、起業や新規事業を進めなければならない。

続く本書の第6章でも検討するように、これらの3つの不確実性は、企業家の現実との市場とかかわりのなかでは、一体となって出現することもあれば、個別に独立して出現することもある。本章で取りあげるスタディサプリの10年の歩みにおいては、これらの3つの不確実性が、市場とのかかわりを進めていくなかで、見分けやすいかたちで次々に出現していく。本章でスタディサプリを取りあげる理由はそこにある。

スタディサプリの10年ほどの歩みを振り返ることで、この事業はその歩みのなかで、状態、効果、反応の不確実性にどのようなタイミングで直面し、そこに潜在する可能性をいかに引き出していたかをとらえることができる。こうした不確実性と企業家のエフェクチュアルな行動との関係に目を向けた探索的な事例研究はすでにいくつか存在する（Reymen et. al. 2015; Jiang & Tornikoski 2019）。だがそこでは、不確実性を３つの局面には分けず、ひとまとめにして扱っていたり、熟達者としての条件を満たすわけではない企業家のチームを分析対象としていたりする。そのために、起業や新規事業にかかわる経験を豊富に蓄積している個人や組織が、市場とかかわるなかで直面する３つの不確実性にどのように対処するかが、そこにとらえられているかは不明である。

本書の第２章や第４章で検討したように、エフェクチュエーションの５つの行動原則は、市場とかかわるなかで直面する不確実性に対して、総体として企業家が向き合い、行動していくうえで合理的なものだといえる。では、起業や新規事業にかかわる経験に富んだ個人や組織が、この３つの不確実性の個々に対峙していくうえで、この５つの行動原則はどこでどのように有効性を発揮していくのだろうか。本章では、このエフェクチュエーションの問題空間にもつながる３つの不確実性とエフェクチュエーション５つの行動原則とのかかわり合いが、熟達した個人や組織としての企業家の行動のなかでどのように生じるかという、これまでには解明の進んでいない新たな問題を、スタディサプリの事例と向き合いながら検討していく。

SECTION 2 スタディサプリというイノベーションが実現していくプロセス（1）

2－1　2020年からの急成長

コロナ禍がもたらしたニューノーマルの日々。そのなかで各種のインターネット・サービスの利用が拡大していた。Ｅコマースやリモートワークに加えて、教育サービスの分野でもウェブの活用が広がった。

スタディサプリ（以下、スタサプ）は、株式会社リクルートが手掛けるインターネット教育事業である。現在のスタサプの事業の柱は３つある。第１は、個人を対象としたインターネット予備校事業であり、大学受験対策などの授業動画を、個人会員に向けて配信している。現在のスタサプはさらに小中学生向けの講座なども充実させている。第２は、学校向けの教育サービス事業であり、高校をはじめとする学校の補助教材としてもスタサプの授業動画は広く採用されている。第３は、社会人向けのウェブ教育事業である。現在のスタサプは、英会話を含む、英語４技能の習得のための講座なども幅広く提供している。

コロナ禍が発生した2020年以降のスタサプの事業は、３つの領域すべてにおいて拡大した。そのなかで特に大きく成長したのが、学校向けの教育事業である。コロナ禍を経て全国の高校の４割にあたる2,000校ほどがスタサプを採用するようになっている。

しかし振り返れば、スタサプはそもそも、学校向けの事業としてスタートしたわけではない。個人向けの事業としてはじまったスタサプは、どのようにして学校向けに事業を展開する機会をつかみ、成長を果たしていったか。本章では、そのプロセスを振り返っていく。

コロナ禍だけではない。市場にはさまざまな不確実性が渦巻いている。これらと渡り合うことで、スタサプは成長を果たしてきた。そしてその結果としてスタサプは、会員数で長らく国内通信教育事業トップの座にあったベネッセの進研ゼミに、肩を並べる水準に迫ろうとしている。

2-2　開始当初のスタサプのビジネスモデル

スタサプの事業が開始したのは2012年である。この年の10月に個人向けの授業動画の有料配信がはじまる。大手予備校で人気の高い講義を担当していたカリスマ講師などと契約し、有名大学の受験対策講座などをウェブで個人向けに有料配信することから、現在のスタサプにつながる事業はスタートした。教室などをもたないことによる低コストのビジネスモデルでの予備校事業への参入だった。

スタサプは、当初の大学受験講座と高校講座（旧「受験サプリ」）から、現在は中学講座、小学講座、さらには英語学習などへと事業を拡大している。スタサプの受講生は、パソコンやタブレット、あるいはスマホなどからアクセスし、ネット配信されるビデオ講義で学習する。スタサプの高校講座・大学受験講座には、およそ４万本の講義動画を提供するようになっており、そこで教えるのは、トップ予備校などの教壇に立ってきた有名講師たちである。

日本の高校生たちは勉強に加えて、学校行事に部活動と、忙しい毎日を送っている。そのなかにあって、地方に住む高校生たちが格差を味わうことになっていたのが、高度な受験指導を提供する予備校や講師が、東京などの大都市圏に偏在していることだった。スタサプの開業前の時点でいうと、全国ベースでは予備校に通うのは、大学進学を希望する高校生の３割程度にすぎなかった。この実態の背景には、学校生活と両立できそうな予備校が近隣にないという、地方の受験事情があると考えられた。

これは裏を返せば、既存の予備校が受講生の獲得をめぐって血みどろの争いを繰り広げるレッド・オーシャンの外に、ブルー・オーシャンが広がっていたということである。ネット配信によるビデオ講義であれば、場所や時間に制約されずに勉強できる。また教室が不要なことなどから、低コストでの大都市圏以外への事業展開も可能である。こうした予備校の空白地帯の広がりを考えると、低価格で充実した講座を受講できるネット予備校を開設し、その存在を広くテレビ広告などで告知すれば、短期間に大規模に会員を獲得していくことも不可能ではない。

そしてネット配信によるビデオ講義であれば、教える側の講師にとっても、何度も教壇に立つことなく、大教室のキャパシティを超える受講生に対応することが可能となる。そこで空いた時間を教育方法の研究や、教材の改訂に振り向けることができる。

スタサプは、このようにデジタル化が進む2010年代初頭の日本における、新しい可能性をとらえた教育事業としてはじまった。そして、このネット配信のビデオ授業が、後に学校向けの事業でも活用され事業は大きく拡大していくのである（図表５−１）。

図表５−１　スタディサプリ年譜

2012年10月	「受験サプリ」有料サービスの提供を開始。
2013年３月	１講座5,000円の買い切りから月額980円のサブスクリプションに変更。
2016年２月	「受験サプリ」から「スタディサプリ」へ名称変更。
2016年４月	学習管理機能「スタディサプリ for TEACHERS」の提供を開始。
2020年２月	月額980円から月額1,980円に価格改定。
2020年３月	全国の小中学校と高校、特別支援学校が政府の要請を受けて臨時休校。

出所：株式会社リクルート提供の資料をもとに筆者作成

2−3　計画の外へのジャンプの繰り返し

さて、以上のようにビジネスモデルを概観し、スタサプがどのような機会をつかんだかを説明するだけでは、この事業は戦略計画的な手順から生まれ、成長を果たしたかのように思えてしまうかもしれない。しかし、スタサプの誕生から発展のプロセスでは、事前の計画の外へ飛び出していくジャンプが繰り返されている。

第２章で述べたように、成功をおさめた後になってから振り返れば、スタサプはターゲット市場に向けて必要なマーケティング活動を投入することで、ビジネスモデルを確立したかのように見える。しかし、このビジネスモデルを実現していくためのプロセスの実際を見れば、すべてが計画どおりに進んでいたわけではなく、スタサプは試行錯誤と計画からの逸脱によって生まれ、成長機会をつかみとっていったといえる。

まずはスタサプというネット教育事業の誕生の経緯である。スタサプの開発プロジェクトは、リクルートが行った大規模なマーケティング・リサーチのなかで、ある一人のスタッフが地方の高校生の大学受験事情を知ったことから動き出した。しかしこのマーケティング・リサーチはリクナビ進学という、教育事業とは異なる別の事業の一環として行われたものだった。教育事業に乗り出すことは、そもそものリクルートの目的ではなかったのである。

リクナビ進学は、専門学校や大学などをクライアントに、広告収入を得て、学校情報を束ねた冊子を作成し、進路選択のサポート情報などとともに高校生に提供する広告事業だった。この時点のリクルートには、予備校のような教育事業を自社で手掛ける計画はなかった。先のスタッフは、マーケティング・リサーチでの予期せぬ出会いを関係のない話と切り捨ててしまうこともできた。しかし彼は、地方の高校生の受験事情を何とかできないかとの思いから、社内の新規事業提案制度に応募し、ネット予備校のアイデアを起案する。この提案が採択されたことによってスタサプの開発がはじまる。

そして2012年10月に事業開始を迎えたわけだが、そこでスタサプは早くも存亡の危機に直面する。開業後の半年ほどの期間にスタサプは、有料会員をわずか数千人しか獲得できなかった。これは目標を大きく下回る数字であり、このような会員数では事業は成り立たない。

スタサプが、当初のつまずきを脱するきっかけとなったのは、半年ほど後の料金プランの改定である。当初のスタサプの料金プランは、1講座を5,000円で販売するという、買い取り型だった。従来型の予備校は一般に1講座8～10万円くらいの価格設定だった。これと比べると、スタサプは最初から劇的な低価格だった。スタサプはこれを、2013年の春に、月々980円（現在は1,980円［税抜き］）で全講座使い放題というサブスクリプション型の料金プランに変更する。追い込まれた状況のなかで、より気楽に会員となることができる料金プランへの導入に直観的に賭けたのである。一方で、スタサプは講座の拡充も着実に進め、5教科18科目のラインアップが整う。こうした取り組みが功を奏し、利用者が増えはじめる。

リクルートは、スタサプによる参入以前に、予備校経営などのノウハウを蓄積していたわけではなく、畑違いの分野の新規事業であるスタサプに対しては、当初は社内でも懐疑的な声が少なくなかった。しかし、この新規事業が初期のもたつきを脱し、何とか成長軌道に乗りはじめる。

2-4　学校向けの事業の萌芽

個人向けのネット教育事業としてはじまったスタサプが、産みの苦しみを味わっていたこの時期に、早くも学校向けの事業の萌芽が生まれている。2012年にスタサプのTV広告を見た岡山県の高校から、学校で利用できないかという問い合わせがあったのである。この高校では、先生たちの働き方の改革に取り組んでいた。そしてその一環として、補習にスタサプを活用できないかと考えたのである。生徒の進路に幅のある高校などでは、補習は一斉授業ではなく個別対応が望ましい。しかし、そのための取り組みをすべて教員の熱意に委ねることは、働き方として無理がある。

当時のスタサプにとって、これは想定外の利用方法だったが、協力してみることにした。この岡山の高校で希望者を募り、自習室のパソコンで動画を見られるようにしてみたところ、「役に立った」、「成績がよくなった」といった反響を得ることができた。

この結果を受けてスタサプは、2013年の春から高校に営業をかける。20校ほど参加を得ることができたという。この当時のスタサプを運営していたのは、立ち上がったばかりの小さなチームで、10人程度で動いていた。そのなかでシステムなどの開発を担当していた一人のスタッフが、この高校向けの営業を兼務するという対応であり、専門の営業部隊が動いていたわけではない。

それというのも、この時期にスタサプが注力していたのは、個人向けのネット教育事業の確立だったわけであり、この個人向け事業が、ようやく軌道に乗りはじめていた。スタサプは個人向けの事業のための講座の拡充やプロモーションの強化などに力を注ぎ、そのもとで学校向けの事業は細々と続いていた。

2-5　学校向けの営業の本格化

当初は個人向けの事業の日陰の存在だった学校向けの事業の拡大が進みはじめたのは、2014年の「到達度テスト」の開発以降である。スタサプの運営チームでは、熱心な担当者が、つながりのできた学校の先生たちから、兼務のなかでスタサプの利用上の課題の聞き取りなどを続けていた。当時のスタサプの運営チームはまだ小さく、開発と営業の担当も未分離だった。その分、顧客対応のフロントでつかんだ課題を素早く開発テーマに取り上げるような小回りがきいた。

そこで先生たちから聞き取った声のなかに、模擬試験の結果を、スタサプを用いた学習指導にうまく活用できないというものがあった。模試は、個々の生徒の学力を把握し、志望校への合格可能性を判定するためのテストである。これは、個々の生徒の学習のつまずきが、どの科目のどの単元で生じているかを把握するためのテストではない。そのために、先生たちは模試の結果を受け取っても、スタサプのどの講座のどこからどのような順番で学習をはじめればよいかはわからず、学校の現場では、個別最適な学習につなげることができずにいた。

そこでスタサプは、生徒の学習のつまずきが、既習範囲のなかのどこで生じているかを把握するためのテストとして、2014年に到達度テストを開発した。さらに2015年には先生向けには、宿題の配信や学習履歴を効率的に管理するための「学習管理システム」の開発も行った。この学習管理システムができたことで、先生は担当する生徒が40人であれば、その一人ひとりに向けて、進路に関する希望や、到達度テストで把握した課題などに応じて、日々40とおりの宿題を、ボタンひとつで配信できるようになった。一人ひとりの学習ログも簡単にモニタリングできるようになった。

2-6　デジタル×アナログのサポート体制

個人向けのネット教育を、学校でも補習などに利用してもらう。そのような使われ方からはじまったスタサプの学校向けの事業だが、到達度テストや学習管理システムなどの学校向けの補完サービスが整ったことで個人向けとは異なる学校向けの事業のパッケージングができあがる。そしてリクルートはこの事業の仕組みの確立を受けて、組織的な学校向けの営業を本格化する。反応はよく、採用は順調に伸びていった。当初は20校ほどに過ぎなかったスタサプの採用校は2016年ごろには1,000校ほどに広がる。

しかし、この急拡大の裏には課題もあった。一度は導入してみたものの、翌年には採用を打ち切るという学校が３割ほどあったのである。これでは、新規の学校開拓の営業攻勢をかけても、ザルで水をすくうようなことになる。スタサプがデータを分析してみると、先生が宿題などを多く配信している学校ほど、継続率が高まるという関係が示された。逆にいうと、学習管理システムが導入されても、先生たちに使ってもらえなければ、離脱が進むというわけである。

システムがいかに優れていても、使ってもらわないと、価値は生じない。このことに気づいたスタサプは、営業部隊の評価の指標を変えた。販売成果重視だった KPI に、導入後の学校における学習管理システムの活用度を加えたのである。営業スタッフは、スタサプを導入した後も学校を定期的に訪問しては、先生たちにシステムの使用方法の説明をしたり、データの分析などを踏まえて活用方法の提案をしたりするようになっていった。

2-7　個人向けとは異なる事業の組み立て

以上のようにして仕組みが整っていったスタサプの学校向けの事業が提供するサービスを、高校などが学習指導や補習などに導入するメリットは、授業動画の質や数だけではないことを、あらためて確認しておこう。学校にとっては、スタサプが用意している到達度テストの存在は無視できない。一般的な大手予備校などの模擬試験では、偏差値を算定し、個々の生徒の志望校への合格可能性を判定しようとする。これは、生徒の学力を全体的な位置づけのなかで把握しようとするテストであり、学習を重ねた結果の手応えなどを得たりするためには有効である。しかし、それは個々の生徒の学習のつまずきが、既習範囲のどこで生じているかを把握するためのテストではない。

スタサプの到達度テストは、こうした模試とは異なり、あえて基本レベルの内容に絞って網羅的な範囲から出題するようになっている。個々の生徒が既習範囲のどこでつまずいているかを把握することで、スタサプが提供する多くの講座のなかから、どの授業をどの順番で受講すればよいかの判断や指導に必要な情報を提供してくれる。

この到達度テストと連動して、スタサプは、学校の先生が生徒一人ひとりに合った宿題の配信や、その学習履歴の効率的な管理を行うことを支援する学習管理システムの開発も行っている。このシステムができあがったことで、学校の先生は、膨大な数のスタサプの講座を適確に活用しながら、生徒一人ひとりとていねいに向き合うことができるようになった。

図表5－2　学校向けのインターネット教育事業の組み立て

授業動画の質や数の充実

×

到達度テスト

×

学習管理ステム

×

営業担当者のフォロー

出所：筆者作成

加えてスタサプは、学校の先生をサポートする営業スタッフによるフォローが充実している。学校の現場の課題はさまざまだ。高校によっては就職希望者が多かったり、AO入試の受験者が多かったりする。各学校に営業の担当者がついて、それぞれの学校にあったスタサプの利用方法を伝えたり、学校の授業の改善に役立つデータのフィードバックを行ったりしている（**図表5－2**）。

2－8　コロナ禍の前夜に踏み切っていた料金改定

スタサプは、以上のようなデジタルとアナログの両面での取り組みを進めながら、学校向けの事業を伸ばしていった。個人向けの事業も講座数の拡充などが進んだ。そしてスタサプは、コロナ禍に向き合うことになる。

2020年に生じたコロナ禍のもとでのスタサプの躍進は、分解すると、料金×利用者数の増加によって生じている。料金については、コロナ禍のもとで緊急事態宣言などが行われる直前の2020年2月に、スタサプは大きな改定を行っていた。

スタサプが、その後のコロナ禍によるニューノーマルの日々の到来を予測していたわけではない。このタイミングで、スタサプが、ベーシックコースで月々980円だった料金を、1,980円（税抜き）に引き上げる改定に踏み切っていたのは、提供する講座が質量ともに年々充実していたからである。高校講座についていえば、2015年ごろには2,000本程度だった講義動画が、およそ４万本になっていた。デジタル・トランスフォーメーション（DX）が産業や社会で進むなかで、オンライン教育ならではのコスト・パフォーマンスのよさへの理解も広まっていた。

スタサプは、こうした事業ステージの変化を踏まえて、料金改定に動いた。これは迫り来る事態を予期することなく、嵐の前夜にとられた行動だった。

2-9　注目が集まるインターネット教育

スタサプの利用者数は、2020年春からのコロナ禍のなかで拡大していく。その期首に料金の大幅な引き上げを行っていたにもかかわらず、2020年度のスタサプの有料会員数は前年度比で倍増する。

2020年は、コロナ禍による緊急事態宣言を受けて、学校の休校や、会社への出勤の自粛などが広がった年だった。しかし、この新しい日常のもとでも、スタサプは従来どおりに自宅学習で利用することが可能だった。当初は１～２カ月で終息するかとも思われていたコロナ禍が、長期化しそうだとの理解が広がるなかで、この新しい日常に適したインターネット教育への注目や関心が高まっていく。

この年の利用者の急増は、スタサプの３つの事業の柱のすべてにわたって生じている。そのなかにあって最大の牽引役となったのは学校向けの事業だった。コロナ禍が発生して以降は、従来の学校単位に加えて、都道府県などの自治体単位でスタサプを導入する動きも広がっていく。こうした動きの結果、2016年ごろには全国で1,000校ほどだった高校のスタサプ導入が、2020年度中に全国の高校の４割にあたる2,000校ほどにまで拡大する。

2-10　慎重に動いていたスタサプ

2020年春のコロナ禍のもとでの緊急事態宣言などをうけて、休校に踏み切る学校が広がるなかで、ネット教育への注目度が高まっていく。各種のネット教育のコンテンツやプラットフォームなどを提供する事業者のあいだでは、休校期間の学習の継続をサポートしようと、サービスの無償提供などに踏み切る動きも相次いだ。

コロナ禍が期せずして生じたネット教育の試用機会となったことは、スタサプにとっても同じである。しかしそこでスタサプは、慎重に動いていた。スタサプは2020年の３～４月に学校向けの無償提供に乗り出すが、提供対象とする学校や自治体の数についてはあらかじめ上限を設けていた。制限をつけたのは、利用者が急増し、サーバーに過度の負担がかかるとシステム障害が起きかねないからである。従前からの会員による利用も増加が予想された。実際にこの期間に、スタサプではトラフィックが前年比で20倍以上に急増している。

ネット教育への関心の高まりは千載一遇のチャンスだが、提供するサービスの安定供給がともなわなければ、逆に信頼を損ないかねない。スタサプの技術チームは、トラフィック増に対応するためにシステム改修を急ぐとともに、新機能の開発作業については一時停止に踏み切る。そして営業チームは、全国の導入校に利用時間の調整を依頼し、トラフィックの平準化をはかる。日ごろの営業スタッフによるフォローを通じて信頼感を培っていた学校からは、トラフィックの平準化への協力が得やすかった。このようにしてスタサプは、ピーク時のシステムへの負荷を減らす各種の取り組みを重ねることで、利用の急増という機会の裏にあった危機を乗り切る。

2-11　不確実性を追い風に変えるマネジメント

スタサプは、日本における動画配信型のネット教育事業に先駆的に取り組んできた。そしてコロナ禍は、それまでにスタサプが蓄積してきたノウハウや信頼を活用して、事業を拡大する契機となった。

2020年以降のスタサプの会員増だけを見ていると、巣ごもり生活の恩恵で事業が伸びたかのようにも見える。しかし、スタサプにとっては、このコロナ禍のもとでの成長は、2012年の事業開始以来、その時々において最善と思われる意思決定と行動を繰り返しながら試行錯誤を通じて確立してきた仕組みが、思いもよらない事態を受け止めた結果だった。スタサプは、事業の開始以降も、次々に直面する想定外の事態に対処しながら、進むべき道を選択し、行動を続けていた。そして迎えたコロナ禍を前に、確立していた仕組みがあったからこそ、スタサプは新しい日常のなかで事業の躍進を実現することができた。

スタディサプリは、その開発から市場導入、そして国内のネット教育事業における代表的なサービスのひとつとなっていくまでのプロスにおいて、事前には把握できていなかった、さまざまな不確実性に直面するが、それらを一つひとつ乗り越えていっている。当初のマーケティング・リサーチの目的とは異なる新しい事業機会の発見、料金プランの設定を変えたことで大きく変化した利用者数、思いもよらぬ問い合わせをきっかけに見いだしていった学校向けの事業機会、そこで新たに必要とされるようになった営業上のフォローの仕組みの確立、そしてコロナ禍がもたらした新しい日常のもとでのネット教育の利用拡大などである。スタサプのビジネスモデルは、開業前のプランのなかで完成していたわけではない。この事業は、プロセスのなかで直面する問題にこたえようと、試行錯誤を繰り返すなかで、プロセスに潜在していた可能性をたぐり寄せていっている。

続いて以下では、こうした不確実性からスタサプはどのようにして事業機会を引き出していたかを検討する。そのために、まずはスタサプが直面してきた不確実性には3つのタイプがあることを振り返る。そのうえで、これらの3つの不確実性に対してスタサプではエフェクチュエーションの5つの行動原則がどのように活用されていたかを検討していく。

SECTION 3 企業家が市場で直面する不確実性

3-1 ミリケンの3つの不確実性とエフェクチュエーション

F. ミリケンによれば、不確実性の定義は、ものごとを正確に予測できないことの認知である。そしてミリケンは、企業家が市場とかかわるのなかで認知することになる不確実性について、組織論を中心とした経営学の研究を振り返り、組

図表5－3　「目的→行動→結果」の発想を困難にする不確実性

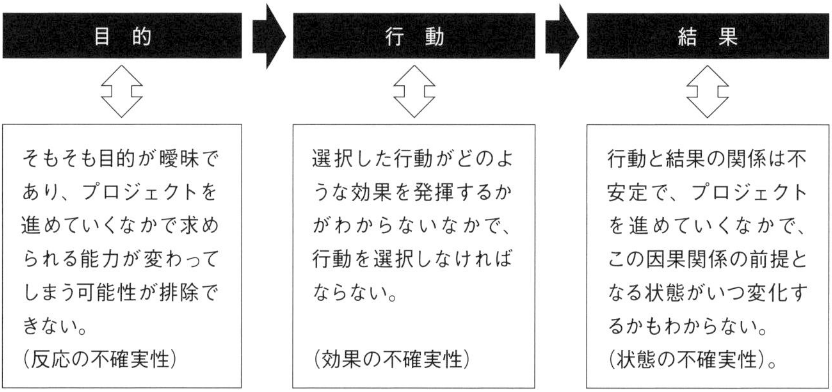

出所：筆者作成

織が環境との関係のなかで認知することになる不確実性（Perceived Uncertainty）を３つのタイプに整理している。①状態の不確実性、②効果の不確実性、③反応の不確実性である（Milliken 1987）。この３つの不確実性は、企業家が「目的のもとで、行動を選択し、実行して結果を出す」という発想で市場における諸問題に対処することを困難にする（**図表5－3**）。

第１の状態の不確実性（State Uncertainty）とは、企業家が直面する未来の市場の状態は事前には明確ではないという不確実性であり、市場の諸条件 － すなわち、主要な競合企業や取引先などのプレイヤーの入れ替わり、国や地方自治体などの政策の転換、利用可能な技術の革新、あるいは社会の文化や価値観やインフラの変容など － についての将来の見通しが必ずしも定かではないなかで、企業家は起業や新規事業に向けた行動を進めなければならないという問題を引き起こす。

そして第２の効果の不確実性（Effect Uncertainty）とは、企業家が市場でとる行動と、達成しようとしている成果の因果関係はあらかじめ完全に明確にはなっていないという不確実性であり、何が成功を実現するための鍵要因となるかについての理解が定まってはいないなかで、企業家は起業や新規事業に向けた行動を

図表５－４　企業家が市場とかかわるなかで直面する３つの不確実性

ミリケンの３つの不確実性	エフェクチュエーションの問題空間
状態の不確実性	未来の結果の確率計算の困難性
効果の不確実性	環境の等方性
反応の不確実性	目的の曖昧性

出所：筆者作成

選択しなければならないという問題を生じる。

さらに第３の反応の不確実性（Response Uncertainty）がある。これは、企業家が市場での行動の結果に、どのように反応して価値や効用を引き出していくかはあらかじめ明確ではないという不確実性であり、最終的には何が自らの行動の目的となり、そしてどのような能力が求められているかは必ずしも定かではないなかで、企業家は起業や新規事業に向けた行動を開始しなければならないという問題を引き起こす。

これらのミリケンが示した不確実性に対して、J.I. ミラーやD.M. タウンセンドたちは、企業家が市場で直面する不確実性を、事前の認知（perception）の対象としてとらえるのではなく、企業家が行動するなかで出現していくものとして向き合う必要があることを指摘している（Miller 2012; Townsend et al. 2018）。企業家にとっては、これらの不確実性は、そもそもその有無が、行動を起こす前には明らかになりようがなく、認知可能ではないことが少なくない。本書の第２章で取りあげたF. ナイトの第３の不確実性は、これらの事前に認知することができない不確実性に、企業家は行動するなかで直面し、プロセスの渦中で認識することになる可能性を指摘するものである。

すなわちミリケンの３つの不確実性は、事前の認知の対象としてだけではなく、企業家が市場で行動を進めるなかで出会うことになる問題としても位置づけることができる。そして、この後者の問題へと拡張すれば、ミリケンの３つの不確実性は、S. サラスバシーがいうエフェクチュエーションの問題空間の３つの要素に対応するもの（**図表５－４**）として位置づけることができそうである（Sarasvathy 2008, 訳 pp.84-94）。サラスバシーがあげる３つの要素の第１は、本書の第２章で取りあげた、未来の市場における事象の生起を予測することは困難だというものであり（未来の結果の確率計算の困難性）、先述したミリケンの状態の不確実性に対応する。第2は、本書の第4章で検討したように、企業家にとっての選好や目的は、定まっていないか、順位づけられていないというもので（目的の曖昧性）、ミリケンの反応の不確実性に対応する。そして第3はさらに、どの情報が注目に値し、どの情報がそうではないかは、行動を開始する前に確定できないというものであり（環境の等方性）、ミリケンの効果の不確実性に対応する。

企業家は市場において、行動をするなかでしばしば、状態の不確実性、効果の不確実性、反応の不確実性に直面する。なお、サラスバシーは、このエフェクチュエーションの問題空間における、未来の結果の確率計算の困難性を「ナイトの不確実性」と名づけている。しかし、市場における事象の生起の予測だけではなく、企業家の行動にかかわる結果についても、ナイトの第3の不確実性につながる無限後退問題は生じる。ナイトの3つの不確実性の問題は、未来の結果の確率計算の困難性だけではなく、目的の曖昧性や環境の等方性にもかかわると考えるべきであろう。

3-2　スタサプに見る反応の不確実性

スタサプが直面してきた市場の不確実性は、ミリケンの3つの不確実性のいずれに対応するか。そしてそこでは、エフェクチュエーションの5つの行動原則のいずれが、どのように有効となるか。

まずは、反応の不確実性である。スタサプにおける反応の不確実性の第1は、その開発のきっかけは、別の事業のマーケティング・リサーチから生じたという不確実性である。企業家は、最終的に何が自らの行動の目的となるかが必ずしも全面的には明らかにはなってはいないなかで、行動を開始していることが少なくない。マーケティング・リサーチなどの業務に従事するなかで、想定していなかった事業の可能性を見いだすというような事態に、企業家はしばしば直面する。企業家には、企業家になろうとして企業家になる人と、企業家になろうとは思っていなかったが、あるきっかけから企業家に転じていく人がいる。後者のタイプの企業家にとっては、反応の不確実性は重要な機会の源泉となる。

そしてそこでは、クレイジーキルトの原則にしたがった行動が重要となる。スタサプでいえば可能性に気づいたあるスタッフが、そもそものマーケティング・リサーチの目的に縛られずにわらしべ長者のように動き出したことが、新しい事業機会をとらえるうえでの重要なポイントとなっている。

たとえば、企業などの組織においては、制度として新規事業提案などの機会を用意することで、こうした動きの組織内での活性化をうながし、クレイジーキルトの原則に通じる実践が進む。このような制度を用意しておくことで、幅広いスタッフ個人が許容可能な損失の範囲でイノベーションに挑むことができるようになる。

そしてスタサプにおける第２の反応の不確実性は、思いもよらぬ社外からの問い合わせを契機に見いだされていった、学校向けの事業の可能性である。当初のスタサプはネット教育の可能性のなかで、個人向けの事業を確立することを目的としていた。しかしスタサプは、岡山県の高校からの補習での利用についての問い合わせを受けたことで、学校向けの事業という目的を追求していく可能性もあることに気がつく。想定外のパートナーが出現したことで、スタサプにとっての反応の不確実性が顕在化したのである。しかし、この時点のスタサプの運営チームのリソースは限られており、まずは個人向けの事業を確立することを優先しながら、学校向けの事業も実験的な小さな試みとして継続していく。当初は、スタサプの学校向けの営業は、開発との兼務で一人のスタッフが担当しており、学校向けのシステムの開発などの投資も行われていない。

スタサプは、学校向けの事業というクレイジーキルトを、手中の鳥の範囲で行動することで縫いあげていった。これは、許容可能な損失の原則にしたがった行動だったともいえる。また、飛行中のパイロットの原則の観点からいえば、想定外の問い合わせについても、見逃すことなく、許容可能な損失の範囲で、対応が行われている。

さて、以上の反応の不確実性における目的は、階層的な構造のもとにある。スタサプのような営利事業にかかわる組織では、広告事業か、教育事業か、あるいは個人向けの事業か、学校向けの事業かといった目的の選択や切り替えは、より上位にある収益機会の拡大という目的のもとで行われる。

しかし、個人や組織のあり方はさらに柔軟にとらえることができる。広くとらえれば、個人や組織にとっては、収益機会の拡大という目的はひとつの選択肢であり、絶対的なものではない。この目的の階層性のもとで反応の不確実性を理解することの必要性については、続く第６章の第６節で再度検討する。

3－3　スタサプに見る効果の不確実性

次は、スタサプにおける効果の不確実性である。その第１は、市場導入後のスタサプの販売不振をまねくことになった、料金プランの設定しだいで大きく変化する利用者の獲得という不確実性である。企業家は、どのような行動が市場で有効かを完全には認識できないまま、行動を開始することになることが少なくない。企業家にとって市場は複雑な場であり、この場を部分的に再現した条件のもとでの情報しか、事前のマーケティング・リサーチなどからは獲得できない。

ここでも、クレイジーキルトの原則にしたがった行動が重要となる。企業家が、事前に設定していた目的や入手していた情報に縛られずに動いてみることが、新しい事業機会をとらえることにつながる。そして、こうした柔軟な対応を生み出すには、飛行中のパイロットのように市場で行動を開始した後も振り返りを絶やさず、許容可能な損失の範囲で手中の鳥を活かした新たな行動に移るようにすることが大切である。私たちは自分の失敗からは目を背けたくなる。しかし、うまくいっていないことは、うまくいっていないのである。飛行機のパイロットのように、早く現実に向かい合い、頭を切り替えて次の行動に移ることからレモネードが絞り出される。

そしてスタサプの第２の効果の不確実性は、学校向けに授業動画のインターネット配信を導入してみることで見いだしていった、到達度テスト、学習管理システム、そして営業担当者による学校の先生のフォローなどの仕組みの必要性をめぐる不確実性である。こうした必要性を、企業家が事前に、マーケティング・リサーチなどから把握することは難しい。仮にアンケートやフォーカス・グループ・インタビューを行ったところで、現場の学校の先生たちも、こうした問題があることを、授業動画のインターネット配信を補習などに利用してみる以前に認識しているわけではないからである。

この情報獲得の不完全さは、マーケティング・リサーチの失敗だといえる。しかし、マーケティングにおいては、こうした失敗にへこたれずに行動を続けることで、レモネードを絞り出していけばよいのである。そして、このレモネードの原則にしたがった行動を、次のような行動が補完することになる。クレイジーキルトのように、事前に設定していた目的や入手していた情報に縛られない行動、飛行中のパイロットのように、絶えず振り返りに取り組む行動、許容可能な損失の範囲でまずは小さく試すことで失敗の影響を抑える行動、そして手中の鳥を用いることで損失の許容可能性を生み出す行動である。

3-4 スタサプに見る状態の不確実性

最後は、スタサプにおける状態の不確実性である。スタサプは反応の不確実性や効果の不確実性を乗り越えながら、事業を進めていくなかで、コロナ禍のもとでの新しい日常という不確実性に直面する。

スタサプは、この状態の不確実性に、事業の開始後すぐではなく、7年以上の年月を経て直面している。これは短くない時間だといえる。市場においては、主要な競合企業や取引先などのプレイヤーの入れ替わり、国や地方自治体などの政策転換、利用可能な技術の革新、あるいは社会の文化や価値観などの転換などの諸条件は変化しないわけではないが、こうした変化は市場の常態とはならない。したがって状態の不確実性への対応は、企業家にとって頻繁に発生する問題とはなりにくい。

しかし、ひとたび状態の不確実性に直面すれば、企業家は飛行中のパイロットの原則のもとで、手中の鳥を許容可能な損失の範囲で活用しながら行動を進めていくことを求められる。スタサプは、コロナ禍がもたらす市場の変化に敏感に反応しながら、当該時点でのシステムのキャパシティの範囲での事業拡大に乗り出していた。

状態の不確実性のもとにあって企業家は、迅速かつ大胆な行動を求められることがある。しかし、企業家は細心の注意のもとで、この行動を進める必要があることをスタサプの事例は示している。ここにおいても企業家は、手中の鳥の原則や許容可能な損失の原則や飛行中のパイロットの原則を離れてはならないのである。

SECTION 4 結論

4-1 不確実性の海に漕ぎ出すプロセスとしてのバリュー・イノベーション

スタサプが確立してきた事業は日本の教育に新たな選択肢を加えるイノベーションを生みだした。スタサプは、学校や家庭における学びを変革し、より場所や時間に縛られることなく、生徒個々人に合った学びを提供しながら、学校の先生が補習などに振り向ける負荷を軽減するという新しい価値を日本の社会にもたらしてきた。

このスタサプによるイノベーションは、本書の第3章の「はじめに」で取りあげたバリュー・イノベーションに当たるといえる。スタサプは、技術上のブレイクスルーではなく、市場との対話のなかから生まれたイノベーションである。

そして本章で見たように、このスタサプのバリュー・イノベーションは、年月をかけた市場とのかかわり合いのなかで、各種の試行錯誤をねばり強く継続していくなかで実現していく。起業や新規事業にかかわる経験を多くもつリクルートという企業が手掛けた、この学校向けのネット教育事業は、現在では、授業動画の質や数の充実、到達確認テストや学習管理システムの提供、そして営業担当者による導入後の行き届いたフォローなどのミックスによって成り立っている。しかし、この新結合が、スタサプが2012年にサービス提供を開始した当初の時点から用意されていたわけではない。この組み立ては、その後の年月をかけた対市場行動を通じて実現していったものなのである。

4－2　企業家は市場で直面する３つの不確実性にいかに対処するか

本章のスタサプの事例に見たように、バリュー・イノベーションの歩みは、不確実性の海に漕ぎ出すような行動となる。そして本章では、スタサプという新結合が実現していくプロセスにおいて、避けがたく出現する市場の不確実性に対してどのような対応がなされていたかを振り返った。この問題へのエフェクチュエーション研究からの知見の適用は、これまでのところ十分に進んでいない。そのなかで本章では、スタサプの事例の分析と解釈を重ねることで、新たに以下の理解を導いた。

第１に、状態の不確実性 － これは、企業家が行動をはじめる前には、未来の市場の状態は完全には予測できないという不確実性である － については、事業を中長期にわたって進めていくなかで出会う可能性はあるが、リクルートのような市場の予測のためのリサーチについても一定の能力をもつ大企業の場合は、短期に直面する可能性は必ずしも高くはない。この問題については、本書の第６章で再度検討する。

とはいえ、コロナ禍の日常のなかで大躍進を遂げていったスタサプのように、この不確実性は一度直面すれば、短い期間のうちに事業を大化けさせる可能性を秘めている。したがってこれは、企業家にとって火急の課題となることは少ないものの、備えを怠ってはならない不確実性だといえる。そして一度この不確実性に直面すれば － 本章で行った分析を踏まえると － 企業家は、エフェクチュエーションの５原則のうち、手中の鳥を用いて、許容可能な損失の範囲で、飛行中のパイロットのように行動していくことが望ましいといえそうである。

第２に、効果の不確実性 － これは、何が成功を生み出すための鍵要因かは、事前には確実にはわかっていないという不確実性である － については、企業家はそこに潜在している可能性を完全には認識できないまま、市場での実際のマーケティング活動の展開をはじめざるを得ないことが少なくなく、リクルートもこの不確実性を完全に逃れることはできていない。スタサプは、この何が決め手かをめぐっての市場の不確実性に事業開始後の比較的早い時期から複数回直面しており、手中の鳥の原則、クレイジーキルトの原則、許容可能な損失の原則の原則、レモネードの原則、そして飛行中のパイロットの原則と、エフェクチュエーションの５原則を総動員し、それらの組み合わせが生み出す効果を活用しながら事態を乗り切っている。

第３に、反応の不確実性 － これは、最終的に何が自らの行動の目的になるか、そしてどのような能力が求められることになるかは、必ずしもあらかじめ定かではないという不確実性である － についても、企業家は市場で行動をはじめるなかで繰り返し出会うことになる。すなわち、自分たちは何を成し遂げたかったのか、そこでは何を活用すればよいのか、という問い直しを迫られる局面である。スタサプは、この反応の不確実性についても、事業開始後の比較的早い時期から複数回直面しており、手中の鳥の原則、許容可能な損失の原則、クレイジーキルトの原則、そして飛行中のパイロットの原則の組み合わせによって、乗り切っている。スタサプは、反応がはやく、失敗といえるような事態に陥ることなく、飛行中のパイロット原則のもとで、素早く手中の鳥を用いて、許容可能な損失の範囲でクレイジーキルトを縫い上げることが繰り返されている。

なお、スタサプは、事業開始直後の半年間ほどを除けば、以上の３つの不確実性に直面しても、事業の存続を危うくするようなことにはなっていない。しかし、事例によっては、第６章で見ていくように、これらの不確実性がすぐには克服できず、失敗といわざるをえない販売不振を招くこともある。

4－3　機会あるいは危機としての市場の不確実性

本章では、先行研究を踏まえてスタサプの事例を検討することで、企業家が市場とかかわるなかで直面するナイトの第３の不確実性は、未来の事業の何が予測できないかという観点からさらに３つにわけてとらえることができることを確認した。そして本章では、企業家に求められる行動は、不確実性のタイプに応じて

図表５－５　企業家がエフェクチュエーションの問題空間のなかで用いる行動の組み合わせ

	手中の鳥の原則	許容可能な損失の原則	クレイジーキルトの原則	レモネードの原則	飛行中のパイロットの原則
状態の不確実性	○	○	－	－	○
効果の不確実性	○	○	○	○	○
反応の不確実性	○	○	○	△	○

出所：筆者作成

異なることを検討した。

本章で検討したエフェクチュエーションの問題空間、すなわち状態の不確実性、効果の不確実性、反応の不確実性からなる３つの不確実性を企業家的機会とするために、企業家はエフェクチュエーションの５つの行動原則をどのように組み合わせて行動しているかについては、続く第６章でも事例を踏まえて検討する。この第６章の検討の結果を先取りして、本章の結果と突き合わせることで作成したのが、**図表５－５**である。

ミリケンとサラスバシーによる不確実性の枠組みのもとで各種の事例を検討することで、企業家は市場とかかわるなかで直面する不確実性の違いに応じて、エフェクチュアルな行動の比重を変えながら、企業家的機会をとらえていることが浮かび上がってくる。状態の不確実性に直面した後の企業家は、第４章で検討した、エフェクチュエーションの行動原則の１つであるクレイジーキルトの原則などに通じる、固定観念の枠を外すことよりも、新たな市場の状態に適応していく俊敏な動きを絶やさないことが必要となる。この俊敏な動きは、個人や組織の既存のリソースを活用し（手持ちの鳥の原則）、小さな投資の範囲で（許容可能な損失の原則）、状況を常に省察しながら行動を進めていくこと（飛行中のパイロットの原則）によって活性化する。一方で効果や反応の不確実性に直面した場合は、クレイジーキルトのように固定観念の枠にとらわれない対応を導く行動のミックス（**図表４－４**）が求められることが多くなる。特に効果の不確実性への直面は、反応の不確実性以上に販売不振に直結しやすいため、失敗との向き合い方（レモネードの原則）がより重要となる。

本章で取りあげたスタサプは、バリュー・イノベーションを成し遂げていくプロセスのなかで、各種の不確実性と直面している。しかし、スタサプでは、それらを短期間のうちに克服していったこともあって、失敗といえるような事態には、事業開始後の半年間ほどを除いては直面していない。

スタサプを見ているかぎりでは、市場の不確実性は企業家に事業機会をもたらすリソースとしての色合いが濃いように思える。しかし、これは事の一面であり、状態の不確実性も、効果の不確実性も、そして反応の不確実性も事業上の深刻な失敗を引き起こす原因となることが少なからずある。

スタサプを離れて他の事例も見ていくと、企業家として振る舞うためには、こうした不確実性から生じるマーケティング上の失敗に対処するための備えが必要となることに気づくことができる。この残された問題については、引き続き第6章で検討していく。

（1）以下のスタディサプリの事例は、栗木（2018b; 2022a; 2022c; 2023c)、および筆者の2014年11月5日、2015年3月11日、2015年10月31日、2016年4月25日、2017年12月22日、2022年5月22日のスタディサプリへのインタビューをもとに作成した。

Chapter 6

第6章
失敗がなぜ、どのようにしてリソースとなるか

SECTION 1　はじめに

企業家が新しい市場を開拓する際には、失敗から学び、失敗を活用することが重要になる。この失敗からの学びについては、複数の必要性や活用方法があることが知られている。本章ではまず、こうした失敗からの学びが必要となる理由や、その実践のための方法の基本類型を、既存の主要な文献から確認する。

そのうえで本章は、新たな問題の解明へと進む。短期間のうちに難局を乗り切ったり、次の局面を切り拓いたりすることを求められる企業家に有用な、失敗からの学びの方法のひとつは、第４章で検討した固定観念の枠を外すこととも通じる、視角の切り替えである。本章ではそこからさらに、この視角の切り替えが効果を発揮するのは、企業家が市場で直面することになる３つの不確実性 －すなわち、第５章で検討した状態の不確実性、効果の不確実性 そして反応の不確実性 － のいずれに対してであるか、それはどのような状況においてであるかを検討する。

企業家が市場で新たな行動に踏み出せば、失敗は避けがたく起こる。失敗を恐れていては、企業家の行動ははじまらない。そして柔軟に視角を変えれば、失敗は新たな機会の宝庫ともなる。一方でねばりづよく活動を続けることが、次なる企業家的機会をたぐり寄せることにつながることもある。これらの命題は、企業家が直面するのが、状態の不確実性、効果の不確実性、そして反応の不確実性のいずれである場合に当てはまるものなのだろうか。不確実性のタイプに応じて、企業家は問題への取り組み方をどのように変えるべきなのだろうか。本章では事例の比較を通じて、これらの問いに対する仮説的な命題の構築をめざして、探索を進めていく。

SECTION 2 失敗からの3つの学び方

2-1 企業家には、なぜ失敗からの学びが必要か

企業家研究が示すひとつの知見に、失敗の効用がある。個人の起業や企業の新規事業開発にあたって必要なのは、失敗しないことではなく、失敗に学ぶことである。

起業や新規事業の達人とは、失敗しないことの名人ではない。エフェクチュエーションの提唱者のS.サラスバシーは、次のように述べている。

「長期にわたって持続的に成功するには、熟達した企業家が … 失敗と成功の両方から学ぶことが必要である。」(Sarasvathy 2008, 訳 p.18、傍点筆者付記)

起業あるいは新規事業開発では、難易度の高いチャレンジが必要となることが少なくない。こうした個人企業家あるいは社内企業家が担うマーケティングのプロセスでは、失敗が避けがたく起こる。特に、ここでサラスバシーが取り上げているような従前には存在しなかった市場の新領域を切り拓くような起業や新規事業、たとえば、インターネットの黎明期における音声同時配信ソフトの事業化、商業用宇宙飛行の事業化などでは、過去の経験にもとづいた予測が通用しないことが多くなる(Sarasvathy 2008, 訳 pp.2-6, pp.64-68)。

したがって企業家のマーケティングでは、失敗から学び、失敗を活用することが欠かせない。本章では、そのなかにあって、失敗からのどのような学びが、企業家のマーケティングにおいては重要となるかを見ていく。

2-2 失敗からの学びが育成する自己効力感

そもそも失敗とは何か。それはどのような事象か。失敗学の提唱者である畑村洋太郎は、その著書『失敗学のすすめ』のなかで、失敗を、人間がかかわる行動のなかで、はじめに定めた目的が達成できないことと定義している（畑村 2005, pp.25-26）。畑村が取りあげている失敗は、以下で見ていくように、ビジネスをはじめとする、広く社会の発展につながるプロジェクトにおける失敗である。

失敗からの学びの効用はどこにあるのか。第1に畑村は、大学の工学教育などにおける自身の経験を引きながら、ほんとうに使える知識を獲得するためには、失敗をしながら物事に挑戦することが必要だという。たとえば、機械工学の実習などでは、学生たちが設計したシステムがうまく動かないということが起こる。畑村は、そこには、問題を解決するための挑戦の機会が生じているという。そこから解決に取り組むプロセスのなかで、学生たちは自ら考え、議論し、解決策を見つける能力を鍛えることができる（畑村 2005, pp.12-13, p.30, pp.46-48）。

この畑村の指摘を、心理学にもとづいて理解すれば、この失敗からの学びは、自己効力感（Self-Efficacy）の育成につながるものだと考えることができる。自己効力感とは、「自らが考え、行動することで何らかの望ましい結果を生み出すことができる」という、人々の自身の能力についての信念を指す。この信念は、人々が困難に直面しても主体的な思考や行動を続けようとする気持ちを支える（Bandura 1995, 訳 p. i, pp.2-3）。失敗の解決策を自らの行動のなかから見いだすことができた体験は、自己効力感を高め、ゼロから新たにモノやコトをつくり出す行動に積極的に挑む人をつくると考えられる。

2-3 失敗から生じる安全対策や再発防止策の向上

畑村が挙げる失敗からの学びの第2の効用は、安全対策や再発防止策の向上である。橋梁も、船舶も、鉄道も、航空機も、そうである。これらの社会のインフラは、痛ましい事故の歴史を経て、その安全性を高めてきた。

図表６−１　失敗からの学びの３つの効用

・自己効力感の育成
・安全対策の向上
・視角の切り替えによる新しい価値の創出

出所：筆者作成

失敗に直面した時には、そこから目を背けるのではなく、失敗に真摯に学ぼうとすることが、知識や技術の発展をうながす。畑村は、このように失敗からの学びによって再発防止の学習が進むことを指摘するするとともに、マニュアルを人に伝える時は、失敗談を交えて語るとインパクトが大きく、記憶に残りやすいことも指摘している（畑村 2005, pp.33-45, pp.51-55）。だからこそ、失敗は後世に伝えるべきなのである（**図表６−１**）。

２−４　レモネードの原則

マーケティングにおける失敗から学びについては、さらに第３の効用がある。サラスバシーは、マーケティングにおける失敗からの学びには、畑村があげるような自己効力感の育成や安全対策の向上とは異なる効用があることを指摘している。

サラスバシーは、「レモンをつかんだら、レモネードをつくれ（When life gives you lemons, make lemonade）」という格言をあげて、企業家のマーケティングにおける失敗の効用を説明している（Sarasvathy 2008, 訳 pp.117-120）。英語では「レモン」には不良品、欠陥品という意味がある。すなわち失敗をしたら、失敗を責めたり、悔やんだりするよりも、そこからレモネードを絞り出す — 他の何かに転用する — 発想が重要だというのである。

市場においては想定外の事態に直面しても、本書の第２章で検討したように、企業家はさらに新たな行動を起こすことで、より大きな果実を獲得していくことができる。起業や新規事業を進めていくプロセスにおいては、想定外の事態に直面したとしても、柔軟に対応すれば、プロジェクトに潜在していた価値を新たに引き出していくことができる機会は少なからずあるのである。

2-5　失敗をリフレーミングによってプラスに転じる

このレモネードの原則に示されているのは、失敗（レモン）とされる事象であっても、視角を変えればマイナスではなく、プラスの価値をもつ（レモネードにできる）可能性が、市場という場では少なからず利用できるという認識である。たとえば、1食サイズに切り分けた小分け包装のロールケーキは、1本丸ごと販売する場合と比べると、単位当たりでは割高になる。そのためにこうした小分け商品は、一般に消費者に敬遠されがちである。

ところが、単身者の家庭や外出先などでの利用では、食べ切れなかった残りの処理の問題などが発生せず、場合によっては経済的であることに消費者に気づいてもらうと、小分け価値の新たな理解が生まれる（高杉 2015, pp.33-34）。マイナス面のある事象であっても、視角を切り替えることでプラスの価値が前面に押し出される。

サラスバシーも同様に、1980年代の米国という各種の新たな専門量販店の勃興期であり、ネット通販がまだ登場していなかった時期には、個人事業者が休日などに文具を切らすと、すぐには入手できず、困ることが少なくなかったことを指摘している。そして、ある企業家がこれを単なる失敗ではなく、そこに起業のネタが潜んでいるのではないかと視角を切り替えたことから、ステープルズという新たなオフィス用品のチェーン店が生まれていったという（Sarasvathy 2008, 訳 p.119）。

こうした視角の切り替えがマーケティング上の新たな価値を生み出す効果については、リフレーミング － これは心理療法の現場において用いられてきた概念である － と通じるところが少なくない。（栗木 2012a）。失敗からの学びは、自己効力感の育成、再発防止の学習に加えて、リフレーミングによって見いだされるプラスの価値という効用をもたらす。

2-6　短い期間で活用できる失敗からの学び

ではなぜ、失敗からの学びの効用が複数あるなかにあって、サラスバシーは第3の効用に注目するのか。それは彼女が見ていたのは、企業家のマーケティングだからだと考えることができる。

失敗からの学びである自己効力感の育成や、安全対策の向上などでは、個人や組織の態度の育成や知識の再構築を経て、ある程度の時間をかけて効果が発揮されるようになっていく。一方、企業家はこうした時間のかかる効果の発現を待つことが難しい。企業家は、進行中のプロジェクトに次々と出現する難局を、短い期間のうちに乗り切り、次の局面を切り拓いていかなければならない。サラスバシーが、失敗からの学びをレモネードの格言にむすびつけたのは、企業家はリフレーミングによる価値の発見であれば、その学びを短い期間のうちに活用することが可能となるからだと考えられる（**コラム2**参照）。失敗を克服したり、解消したりするのではなく、そのまま生かすのであれば、時間をかけずに新たな実行につなげていくことができる。

2-7　しかし、なぜ、失敗であるはずのものが強みとなるのか

エフェクチュエーションとは、イノベーティブな企業家に特徴的に見られる対市場行動の論理であり、熟達した企業家を対象とした調査などからサラスバシーが定式化した。そこには戦略計画型のマーケティングとは異なるアプローチ　−　すなわち予測に行動の前提を委ねるのではなく、行動を先行し、局面を切り拓いていくアプローチ　−　の有効性が示される。

本書の各章で見てきたように、起業や新規事業に企業家が挑む際には、行動を進めるプロセスのなかで、生じていく市場の変化に、渦中での振り返りを通じて応答していく対応が重要となることが少なくない。この市場のダイナミックな振る舞いを活用した企業家の行動を、エフェクチュエーションはとらえようとしている。

戦略計画型のマーケティングは、事前のマーケティング・リサーチなどを通じて予測の精度を高め、失敗を避けようとする。これに対して、エフェクチュアルなマーケティングは、起業や新規事業においては、当初に定めた目的が達成できないことは避けがたいと受けとめ、失敗を受け入れ、失敗のなかに生じている創発を、次なる展開に活用しようとする。

このサラスバシーがレモネードの原則と呼ぶ、失敗の効用には、ある種のわかりにくさがある。失敗が成功の源泉となるとは、呼び込んでしまった弱みが強みとなり、脅威であるはずのものが機会となるということである。しかし、弱みは弱みであり、脅威は脅威なのではないか。目的を達成できないことが、目的の達成につながるとは、いったいどういうことか。この疑問にこたえるためには、弱みや脅威が、なぜ、どのように強みや機会に転じるかを示さなければならない。

この失敗の成功の源泉への転換の理由としては、市場がダイナミックな秩序の場であり、そこに参加するプレイヤーの相互作用のなかでマーケティングの前提となるコンテクストが新たに創発していく可能性を秘めていることが指摘できる。市場における各種の効果は、マーケティングは市場に適応する活動であるとともに、その市場をつくり出す活動ともなるという循環する関係（栗木 2012c, pp.197-209）のなかで生じていく。この人工的世界では、仮に想定外の失敗がマーケティングに生じたとしても、その結果として市場には、従前にはなかった新しい可能性が芽生えている可能性が少なからずある。

では、この理論上の可能性は、具体的にはどのようなかたちでビジネス・シーンに出現するのだろうか。国内外のマーケティングの失敗に関する古典事例に目を向けてみよう。

SECTION 3 ニュー・コーク騒動からレモネードを絞り出していたコカ・コーラ(1)

3-1　失敗してから発揮される本領

コカ・コーラのニュー・コーク騒動は、マーケティングの古典的事例である。この事例は、マーケティングの失敗談として紹介されることが多い。それは、1980年代にコカ・コーラ（コークという米国を代表する飲料）の生誕100周年を迎えたコカ・コーラ社が、伝統の味を刷新した新しいコークを市場に投入したところ、苦情や講義が殺到し、数カ月後に元の味のコークを復活するに至ったという事例である。しかしこのニュー・コーク騒動は、中長期的なマーケティングの視点から見ると、失敗とはいい切れないのである。

マーケティングはビジネスモデルを一度確立した後も続く。ビジネスモデルが、導入計画として機能したとしても、ビジネスが導く旅の難所は、船が港を出た後にも繰り返し出現する。そして作成したモデルや戦略を、事業の開始後に果敢に見直すことから躍進の機会が生まれることも少なくない。

ビジネスの大海原で起こる出来事を完全に予測することは難しく、そのために起こる失敗がある。こうした失敗はしないに越したことはない。しかし嵐を避けようとして新しい行動を開始しないのは、本末転倒である。

凡庸な経営者は、失敗をして消え去る。本当に優れた経営者は、転んでから本領を発揮する。傷口を広げないように素早く行動し、失敗を逆手に取って事業を成長に導く。ニュー・コーク騒動の渦中のコカ・コーラの会長だったR. ゴイズエタ、そして社長だったD. キーオもこの本当に優れた経営者だった。

3-2　追い詰められていた1985年のコカ・コーラ

米国において、コーラ飲料は、シンボリックな価値をもつ商品である。そのな

図表６－２　米国の清涼飲料市場におけるコークとペプシの市場シェア

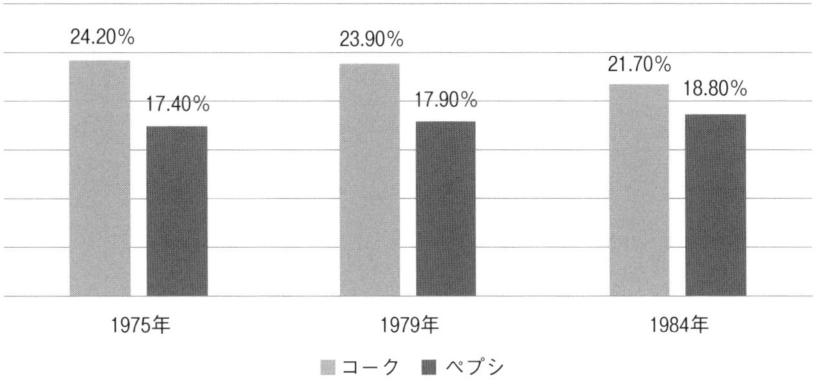

出所：Hartley（1998）p.163をもとに筆者作成

かにあってコークは、長らく王者の地位にあった。ライバルのペプシもまた、コークと同様に19世紀末からの長い歴史をもつ。しかしコークは長らく、ペプシを圧倒する存在だった。

ところが1970年代になりペプシの人気が若い世代を中心に高まる。1950年代の頃にはコークの売上はペプシの２倍以上あった。ところが1970年代の後半には、コークの売上成長は年２％ほどに鈍化し、その後のペプシとの市場シェアの差は縮まっていく（**図表６－２**）。

この時期にペプシは、「ペプシ・チャレンジ」というキャンペーンを仕掛けていた。これは銘柄を隠してコーラ飲料の飲み比べを行うイベントであり、そこで多くの人に「おいしい」と選ばれるのは、コークではなくペプシだった。この映像がテレビ広告などで何度も流れた。インパクトは大きかった。

コカ・コーラも社内で極秘に味覚テストを行ってみた。６：４ほどの比率で被験者はペプシを選ぶ。同社にとって頭の痛い問題だった。

コークは伝統的なレシピを守っていた。しかし時は流れる。時代とともに人々の味覚は変わる。ペプシは柔軟であり、時代に合わせて味を変えることをいとわなかった。

3-3　ニュー・コーク騒動の勃発

1981年にコカ・コーラの会長兼CEOにゴイズエタが就任する。社長はキーオである。新たなトップマネジメントのもとで、コカ・コーラは新しい味の開発を進めた。多額の研究費と３年ほどの年月をかけて編み出された新しいレシピは、マーケティング・リサーチで高評価を得た。繰り返し行われた大量の味覚テストにおいて、この新しいなめらかな味のコーラは従前のコーク、そしてペプシに勝ち、より多くの人たちに好まれるとの結果を得た。

ゴイズエタたちは、伝統的なコークの味を一新することを決断した。1985年４月23日に発表された新しい味のコークの売れ行きは、当初は悪くはなかった。新しいコークのニュースは、全米に流れ、１億5,000万人の人たち（当時の米国人口の62%）が、この新しいコークを購入した。コカ・コーラのボトラーに向けた出荷は、直近の５年間で最大となった。

コークが守ってきた伝統的の味を切り替えることについては、当然反発が予想された。この影響は、少し遅れて現れた。そして日を追うごとに、旧コークを飲めなくなった愛好者たちの抗議の声が高まっていった。５月の半ばになると、コカ・コーラは、殺到する抗議に対応するために、コールセンターの電話回線を増強しなければならなくなった。そして、旧コークの熱心なファンによる集団訴訟が取り沙汰されるようになり、これらの動きをマスメディアが報じ続けた。今でいう「炎上」状態に、新しいコークは巻き込まれていったのである。

６月に入ると、さらに事態は悪化していく、新しいコークの販売が急減しはじめた。そして５月末時点の市場調査では新コークが好きとの回答が53%だったのが、７月に入るころには30%に落ち込む。

3-4　間違えないことよりも重要な経営者の役割

米国中が騒然とするなか、７月11日にコカ・コーラは過ちを認めて謝罪する。伝統的な味のコークを「コカ・コーラ・クラシック」として復活させ、ニュー・

コーク（名称はコカ・コーラのまま）と併売するとの発表を行った。この発表は、好意的に受けとめられ、騒動は鎮静化していく。

ここまでの話をニュー・コーク騒動として知る人は少なくないだろう。では、その後のコークの販売はどうなっていったか。ニュー・コーク騒動は結局のところ、マーケティングの失敗だったか、成功だったか。その判断には、少し長い目で結果を見る必要がある。

優れた経営者の条件は、間違えないことだと考えるのであれば、ゴイズエタとキーオは経営者失格といわれても仕方がない。巨費を投じた新製品の販売は、見込みを大きく下回ることになった。事前の調査では多くの人が支持したはずの新しい味は、激しい怒りと多くの抗議の標的となった。

だが、経営者には間違えないことよりも、もっと重要な役割がある。マーケティングは、人と人のコミュニケーションによって成り立つ。新局面を切り拓こうとすれば、行き違いや取り間違いは各所で避けがたく起こる。そこでは失敗をしないことも大切が、それ以上に失敗から学ぶことが重要となる。

3-5　騒動が生み出したゲームチェンジ

ニュー・コーク騒動から学ぶことができるのは、消費者にとって大切なのは味だけではなかったということである。清涼飲料を飲むことがもたらす爽快感の源泉は味だけではない。人は意味の世界を生きている。味はそのひとつの要素だが、すべてではない。

ニュー・コーク騒動は、コーラ飲料への愛着の理由、そのかけがえのなさを米国人たちが見直し、あらためて認識を深める契機となった。その結果として「ペプシ・チャレンジ」が話題を集めることはなくなった。人々がコーラ飲料をいかに選ぶかをめぐるゲームに、ルールの変化が生じたのだ。

当時のコカ・コーラのトップマネジメントの一翼を担っていたキーオは、後にニュー・コーク騒動、そしてコカ・コーラ・クラシックの復活を決断した当時を振り返り、次のように述べている。

「問題は味覚ではないし、マーケティングですらない。…これは人びとの心の奥底の問題だ。
… ようやく分かった。どれだけ巨額の資金をかけても、アメリカでニュー・コークを成功させることはできない。ゴイズエタも同じ結論に達した。…わたしはテレビ・カメラの前で、以前のコークを『コカ・コーラ・クラシック』として復活すると発表した。」(Keough 2008, 訳 pp.126-127)

3-6　ニュー・コーク騒動とは何だったか

騒動が起きたことで、よくも悪くもコーラ飲料への関心は高まっていった。キーオはニュー・コーク騒動により、旧コークの愛好者の抗議の声が高まり、マスコミの格好の話題となった期間を、「マスコミが無料でコークを大々的に宣伝してくれている時期」(Keough 2008, 訳 p.126) と述べている。期せずしてニュー・コークの発売は、本物のコーラとは何かをめぐる人々の思いを深く揺さぶり、コカ・コーラとの絆のあり方を人々が再認識する機会となった。

コカ・コーラ・クラシックの復活の後のコークの販売は堅調だった。1985年の米国におけるコカ・コーラ社全体の清涼飲料の販売は、終わってみれば全体で9%伸びていた。そして1986年4月にはクラシックは再びペプシを追い抜き、米国の清涼飲料のトップ・ブランドの地位を取り戻す。

たしかにコカ・コーラは間違った。しかし彼らは失敗に学び、つかんでしまったレモン（=失敗）からレモネード（事業成果）を短い期間のうちに絞り出した。消費者が欲しているものの変化を、いたずらに時間をかけることなく見抜き、クラシックを市場に復活させた。ニュー・コークのリリースという行動から期せずして生じた、コーラ市場のゲーム・チェンジに柔軟に対応し、結果的に売上を伸ばした。ゴイズエタとキーオは、間違えないことよりも重要な役割があることを示す経営者だといえる。

ゴイズエタとキーオは、その後10年以上にわたってコカ・コーラのトップマネジメントをにない、事業の多角化と海外展開を推し進める。彼らのもとでコカ・コーラの時価総額は、40億ドルから1,500億ドルへと拡大していった。この躍進は、ニュー・コーク騒動からはじまっていた。

3-7 ダイナミックに変化する関係の場としての市場

なぜ、失敗であるはずの結果が機会となるのか。それは、市場がダイナミックに変化していく関係の場であり、ある時点での弱みが、次の時点には強みとなったりするからである。

ニュー・コーク騒動を振り返ると、コカ・コーラは伝統の味を一新した結果として、愛好者の反発と抗議を招いた。この騒動は、新コークの販売にとっての大きな脅威となったが、コーラ飲料のそもそもの価値とは何かをめぐる人々の認識を変化させ、伝統的なコークへの愛着が見直される契機となった。ニュー・コーク騒動は意図せざるかたちで、コークの意味的な価値のプロモーションの機会となった。

従前には味が争点になっていたコーラ飲料の市場において、ペプシに追いつめられていたコークは、新しい味を導入したマーケティングの失敗から、期せずして自らの価値の再生の契機をつかむ。味を争点としたマーケティングからの脱却というクレイジーキルトを、手中の鳥を生かして許容可能な損失の範囲で、当時のコカ・コーラの経営者たちは一気に縫い上げていった。そこに生じていた市場の動きの二面性を、コカ・コーラの経営者たちは飛行中のパイロットのように見逃すことなく、次の行動へと移ることで、新たなレモネードを絞り出すことに成功している。

コカ・コーラの経営者たちは、このニュー・コーク騒動という失敗を経なければ、新たなレモネードを味わうことはできなかったはずである。マーケティングには、企業家が失敗を転用することで、弱みを強みとする機会が潜在していることが少なくない。

3-8 独立した問題としての3つの不確実性

ニュー・コーク騒動に限らず、起業や新規事業のプロセスにおいて、企業家が失敗に直面することは少なくない。このような失敗は ― ニュー・コーク騒動の場合もそうだったが ― 事前に徹底したマーケティング・リサーチを行い、入念に計画を進めていても起こる。起業や新規事業では、実際の製品やサービスのリリースに先立って、すべての前提が確実となっているわけではないからである。デジタル化が進んだ現在においても、こうした不確実性が避けがたいことについては、すでに第5章のスタディサプリの事例などを通じて見たとおりである。

企業家に失敗をもたらす不確実性への対処方法は、これも第5章で検討したF.ミリケンの3つの不確実性（Milliken 1987）に沿って考えることができる。第1は、状態の不確実性であり、企業家は未来の市場の状態がわからないなかで、起業や新規事業に向けた行動を進めることが少なくない。市場には常に変化の可能性が潜在している。第2は、効果の不確実性で、企業家は何が成果を実現するために効果的かを十分に理解することなく、起業や新規事業に向けた行動をはじめることが少なくない。市場における因果関係は複雑な問題であり、行動をはじめる前にその成功の鍵要因をつかむことは困難なのである。第3は反応の不確実性で、企業家は将来にわたって何を目的に行動を進めていくか、そしてそこで必要となるリソースは何かが曖昧なまま、起業や新規事業に向けた行動をはじめることが少なくない。市場とのかかわりのなかで個人や組織もまた自らのうちに不確実性をかかえていくのである。そして、これら3つの不確実性のために失敗が生じてしまう。

企業家が市場で行動するなかで直面する3つの不確実性は、第5章で見たように、あらゆる起業や新規事業のフェーズにおいて必ず出現するわけではなく、どれが、いつ出現するかもケース・バイ・ケースである。ニュー・コーク騒動のもとでのコカ・コーラについては、プロジェクトが二転三転していくなかにあっても、その目的は一貫して、売上と利益を獲得し、コークの全米のコーラ飲料のトップ・ブランドとしての地位を保つことであったと見られる。なお、味でペプシに勝つという、マーケティング上のより下位の目的に関しては、反応の不確実性が生じている。

一方、状態の不確実性については、市場の未来の状態は確実には見通せないなかで － すなわちニュー・コークへの切り替えへの反発は予想できても、巨大な抗議活動の発生と、ペプシとの競争のあり方の変化まではさすがに予測できなかったであろうなかで − コカ・コーラはニュー・コークの販売に乗り出す。そして何が市場で効果をもつかの不確実性にも翻弄されるなかで − 顧客が重要視するコーラ飲料の選択基準が味から伝統への急転していくゲーム・チェンジのなかで − 同社は、マーケティング活動を二転三転させていった。

ニュー・コーク騒動においては、この状態と効果をめぐる2つの不確実性が、旧コークから新コークへの切り替えというコカ・コーラの行動の結果として出現している。そして、これらの不確実性に臨機応変に反応しながらプロジェクトは進行していった。さらに「何を目的に、市場にいかに反応していくか」という問題についても、コカ・コーラは部分的な不確実性をかかえていた。

とはいえ、ニュー・コーク騒動は、マーケティングにおける失敗の有名な事例だが、ひとつの事例に過ぎない。他のマーケティングの失敗の − そしてそこからの成功の源泉として失敗を活用していった − 事例にも目を向ければ、状態の不確実性と効果の不確実性と反応の不確実性は常に一体としてものとして出現するわけではなく、第5章でも見たように、一定の独立性をもって発現する事象だと考える方がよい。たとえば、状態の不確実性には直面するが、効果の不確実性や反応の不確実性には出会わないなど、不確実性の組み合わせをめぐるさまざまな事例があるのである。

SECTION 4 効果の不確実性に直面していたKOMTRAX

4-1 KOMTRAXによる付加価値の向上(2)

日本の建設機械メーカー大手の株式会社小松製作所（コマツ）は、21世紀初頭の経営危機を乗り越え、国際競争力を回復していく。そのプロセスで重要な役割を果たしたのが、KOMTRAX（コムトラックス）である。KOMTRAXとは、

GPSを活用した建機の稼働管理システムである。KOMTRAXがあることで、コマツは、販売後も自社の建機が地球上のどの場所にあり、日々エンジンの稼働状況などがどのように推移しているかなどを、すべて自社のオフィスで把握できる。デジタル技術を活用した製品の付加価値の向上の代表的な事例のひとつである。

KOMTRAXの搭載は、コマツの建機事業にさまざまな付加価値をもたらした。

①KOMTRAXの搭載によってコマツは、自社の建機が販売後にどのように稼働しているかをグローバルに把握でき、メインテナンスの時期や、どのような部品がどこで必要となるかを、事前により正確に予測しながら保守サービスを展開できるようになった。この結果コマツの保守サービスは、以前に増して迅速、かつ効率的に実施されるようになった。

②KOMTRAXは、グローバルな債権回収にも効果を発揮している。KOMTRAXを搭載しておけば、販売後にユーザーからの支払いが滞ったような場合にも、建機にロックをかけて動けなくすることができる。

③KOMTRAXの搭載によりコマツの建機は、販売後の稼働状態とメインテナンスの履歴が明確に残るようになった。その結果、コマツの建機の中古市場での価値が向上したことで、新車市場でのコマツの人気も高まった。

④さらにコマツは、KOMTRAXによって建機の稼働状況をモニターすることで、グローバルなマクロ経済の変化を一早くとらえるとともに、代理店から受注情報があがってくるよりも早い段階から、生産計画をより的確に立てることが可能になった。その結果コマツでは、リードタイムの短縮化と、在庫管理の高度化が実現した。

4-2　すべてを事前に見通していたわけではない

しかしコマツは、これら①〜④の付加価値を獲得できることを事前に見通したうえで、KOMTRAXの開発をスタートしたわけではない。これらの付加価値については当初は不確実だったわけであり、後から振り返れば、ビジネスモデルがどのように変化するかは曖昧なまま、このプロジェクトははじまり、進んでいた。

コマツがKOMTRAXのシステムを開発することになったきっかけは、1990年代後半の日本国内で、建機を盗んでATMを破壊し、現金を奪うという事件が多発したことだった。その対策として、建機にGPSを付けて位置情報を入手し、「コマツの建機は盗まれても、すぐに追跡できるようにする」という案が検討されはじめた。

そして、この建機にGPSを搭載するというアイデアを聞きつけた、ある建機のレンタル会社が、「トータル・コストの削減につながるのではないか」と、共同研究を申し入れてきた。そこからコマツは、GPSを活用した建機の情報把握によって、建機オーナーには盗難対策以外のメリットが生まれることに気づく。新たな共同研究がはじまり、建機にGPSを付けて位置情報とエンジンの稼働時間情報を確認し、レンタル会社が建機の効率的な配車を実現するための管理システムが生まれた。この2つの情報をリモートで把握することによって、どこでどの建機が動いており、いつごろ工事が完了しそうかがわかるようになった。そしてその結果として、工事完了後の建機を次にどの現場にレンタルする意思決定を効率的に行うことができるようになった。共同研究を行ったレンタル会社では、建機の稼働率が従前の4割から8割に向上したという。

この管理システムは、「KOMTRAX」と名づけられ、コマツの建機の有料オプションとして販売された。しかし、画期的と思われたこの有料オプションの採用は低迷した。KOMTRAXの採用は、建機のより効率的なマネジメントにつながるはずだったが、市場における建機オーナーの反応はにぶかった。使ってみればその有用性がわかるはずシステムも、購入前にそのことをいくら説明されても実感がわかない。そのためにKOMTRAXは買い控えに直面したのである。

ここでコマツは、思い切った決断をする。KOMTRAXを自社の建機の標準装備とし、建機の販売価格の2%程度だった装備費用は、自社で負担することにしたのである。

こうしてコマツのすべての建機にはKOMTRAXが装着されるようになった。この標準装備化は、建機オーナーだけではなく、コマツに対しても新たな付加価値をもたらすことになった。その結果としてコマツは、先の①〜④のようなメリットを享受するようになっていった。①〜④の付加価値は、コマツの建機への

KOMTRAXの装着率が高いからこそ生じるものである。

付加価値の向上は、売価の上昇と原価の低減によって生まれる。KOMTRAXには、有料オプションとして販売する以外に無料標準装備とする選択肢があった。そして、この選択肢のもとには、コマツの建機の営業やサプライチェーンの効率化、中古市場での価値向上による間接的な新車の販売支援などのかたちで、同社の建機事業の付加価値を向上させる効果が潜在していた。コマツは行動を進めるなかで、当初は不確実だったこれらの潜在性に気づいていく。

その後のコマツは、さらにICT技術を活用して、サービスの範囲を建機から建設現場全般に広げた「スマートコンストラクション」というソリューションサービスを提供するとともに、キャタピラーや日立建機などのコマツの競合企業も情報にアクセスできるオープン型のIoTプラットフォームの「ランドログ」の開設に踏み切るようになっていく。

4-3　渦中での省察から生まれる戦略

KOMTRAXの開発に踏み切ったコマツの行動は、結果的には成功だった。しかし建機にGPSを搭載することから生まれる付加価値、すなわちKOMTRAXの効果を、コマツはすべて読み切ってから開発に踏みきったわけではない。開発をはじめることで、期せずしてパートナーが現れ、コマツはKOMTRAXによる建機の稼働状況の把握が、建機オーナーに経済的な価値をもたらすことに気づきはじめる。

そしてさらに、KOMTRAXの有料オプション販売をめぐる見込み違いを経て、自らの負担による標準装備化の決断をしたことで、顧客側ではなく、コマツ社内において先の①～④のような新たな付加価値が生じていく。このようなプロセスを経て、コマツはKOMTRAXの活用を進化させていった。

KOMTRAXの有料オプションの販売の失敗は、何がこの建機の管理システムの成功の鍵となるかが事前にはわからないという、効果の不確実性から生じた失敗だといえる。しかし、そこでコマツは、KOMTRAXの無料化と標準装備化という行動に果敢に乗り出すことで、見事にレモネードを絞り出している。

KOMTRAXの効果は、建機オーナーに経済的な価値をもたらすことだけではなかったのである。コマツは、KOMTRAXという手中の鳥を、販売価格の２％の費用の追加負担という許容可能な損失の範囲で実現した標準装備化によって、コマツにも新た付加価値を生み出すものに転換していくというクレイジーキルトを、飛行中のパイロットのように直面した状況に素早く対応しながら編み上げていった。

一方で、市場の状態については、この期間に、建機の市場のあり方が変わったことでKOMTRAXの収益性が揺らぐようなことは起きていない。すなわち、競争や需要などをめぐる状態の不確実性は見られない。加えて、KOMTRAXを活用して事業が生み出す付加価値を高めるという目的についても揺らぎはないわけで、反応の不確実性も見られない。

SECTION 5　状態の不確実性に直面していたサントリーのウイスキー(3)

5-1　やってみなはれ

「やってみなはれ。やらなわからしまへんで」。これは、サントリーホールディングス株式会社の創業者である鳥井信治郎の口癖だった。そして、この言葉は、日本の大手酒類・飲料メーカーであるサントリー・グループの企業理念の柱として、今なお、受け継がれている。

資料をひもとくと、「やってみなはれ」の精神は、サントリーのウイスキーやビールなどの事業に大きな成長をもたらした各種のマーケティング・ストーリーなどとともに語り継がれてきた。これらのストーリーを踏まえれば、「やってみなはれ」とは、闇雲な行動の奨励ではなく、やってみることからはじまる市場との対話の推奨であることが見えてくる。

サントリーの原点となるひとつの商品が、甘味葡萄酒の赤玉ポートワインである。1907年に発売された。甘味葡萄酒とは、当時の西洋の酒に慣れていない日本人のために、スペイン産ワインをベースに工夫を加えて日本人に合う味にした葡萄酒である。信治郎は、この調合の名人であった。

赤玉ポートワインで財をなした信治郎は、1920年代に入るとさらに山崎工場を建設し、ウイスキー製造に乗り出していく。より本格的な洋酒事業への挑戦である。

しかし、この国産ウイスキーへの挑戦には、当時の壽屋（サントリーの前身会社）の全役員がこぞって反対したという。信治郎が相談をもちかけた当時の社外の財界人たちも、「それは常識に合わない」と、否定的だった。なぜなら、本格的なウイスキーをつくるには、蒸溜所の建設に多額の資金が必要であり、長期間原酒を寝かせるウイスキーは、資金回収に時間がかかる。さらに当時の大多数の日本人にとっては、ウイスキーは馴染みのない西洋の酒だった。

こうした反対の声に直面した信治郎の答えは、次のようなものだったという。

「わしには、赤玉ポートワインという米のめしがあるよって、このウイスキーには儲からんでも金をつぎ込むんや。自分の仕事が大きくなるか小さいままで終わるか、やってみんことにはわかりまへんやろ。」（杉森 1986, pp.99-100）

5-2　思うようには売れなかった

ここで信治郎が述べている「仕事の大きさ」とは、事業の規模だけではなく、東洋で初の本格的なウイスキーをつくるという洋酒を志した者の夢（杉森 1986, p.97, p.101）をも指すものだったと思われる。信治郎は会社を大きくすることにも貪欲だったが、それに負けず劣らず本物志向が強かった。

そして蒸溜所の建設から６年、待望のサントリーウイスキー白札が1929年に発売される。だがこの白札は、思いのほか売れなかった。深刻な販売不振のなかで事業資金は底をつき、1931年にはとうとうウイスキーの原酒の仕込みができなくなる。サントリーの歴史における最大の危機のひとつといわれる。

赤玉ポートワインなどの事業に集中していれば、経営は安泰だったわけで、ウイスキー事業への参入に反対した当時の役員、そして財界人たちの常識は正しかったといえる。だがその一方で、新しい挑戦に乗り出さなければ、サントリーはさほど大きくない会社に終わってしまっていたわけで、「それではつまらない」と信治郎は考えていたと思われる。この不作為を戒めるのが「やってみなはれ」の精神だと考えれば、信治郎が示し、実践していた行動はエフェクチュアルだったといえる。

信治郎と、当時のサントリーの社員たちは、危機のなかでも ― いや危機のなかだからこそ ― 行動を絶やすことがなかった。この時期に信治郎は、ウイスキーに通じた専門家たちを訪ね歩き、問題点を洗い出しては、ウイスキー製造の改善に挑んでいる。

営業スタッフたちは、昼間はカフェーの裏口からウイスキーの売り込みに行き、夜は表から飲みに行くというマッチポンプを繰り返した。信治郎自身もポケット瓶をいつも持ち歩き、宴会の席などで客に注いで回り、意見を聞いたり、推奨したりすることを欠かさなかった。

さらに信治郎は、このウイスキー事業への挑戦に前後する時期に、練り歯磨き、調味料、ビール、リンゴ酒など、より短期で収益の出る事業に手を広げていく。そして、赤玉ポートワインに加えて、これらの各種の事業からの利益、さらには事業売却による収益を得ることで、ウイスキーが売れない苦しい時期をしのいでいく。

5-3　角瓶が人気を博す

ようやく信治郎のウイスキーの販売が軌道に乗りはじめたのは、1937年である。この年に発売された、サントリーウイスキー角瓶は人気を博し、原酒が不足する事態となる。

なぜ、サントリーのウイスキーが、この年になって売れはじめたか。それは、そこまでの試行錯誤のなかで、信治郎たちがコツコツと積み上げてきたウイスキーの製造や販売の改善の成果だと考えて間違いないが、それだけではない。この時期に思いもよらぬ変化が市場に生じている。

1937年は国際情勢の大転換期にあり、日本国内の各種の消費もこの荒波に翻弄されていた。時は第二次世界大戦の前夜である。戦時体制へと世界が突き進んでいくなかで、欧米からの日本への輸入は細りはじめ、国内で入手できる本格的なウイスキーは、サントリーなどの国産品に限定されるようになっていった。

当時の日本にも、欧米に駐在したり、留学したりした経験のある人たちが一定数はいた。そのなかには西洋の酒 – ウイスキーもそのひとつである – を習い覚えていた人たちも少なからずいた。海外に行ったことはなくても、西洋の食文化にあこがれをもつ人たちもいた。しかし、この大衆的な広がりを欠くウイスキーの愛飲家たちのあいだでも、選ばれるのはスコッチだった。

ところが、戦時体制が色濃くなるなかで、この輸入ウイスキーの入手が困難になっていった。そこでウイスキーの愛飲家たちがサントリーを試してみたところ、これが国産とはいえ、英国産に勝るとも劣らない本格的なウイスキーだった。こうして、売れなかったウイスキーが売れはじめる。

この成果は、サントリーのウイスキー事業の次なる展開に向けた一歩となる。ここで一歩を刻んでいたことが、第二次世界大戦によって焼け野原となった日本が、戦後の復興と、その後の経済成長へと突き進んでいくなかでのウイスキーの大衆的な人気の拡大という、さらなる飛躍へとつながっていくのである。

5-4　成功の鍵は押さえていた

ワインやウイスキーは、今でこそ日本人の生活に浸透している。しかしこれらは、古来日本人に親しまれてきた酒ではない。しかし昭和を迎えるころには、西洋の酒を楽しむ人たちも徐々にではあるが増えはじめていた。この日々のもとで信治郎は、大きな需要が存在しているから国産ウイスキーの製造をはじめたのではない。彼は、ウイスキー事業を立ち上げることによって大衆的な需要が生まれる契機をとらえていった。

当初のサントリーのウイスキーの販売不振という失敗は、何がこの事業の成功の鍵となるかがわからないという、効果の不確実性によって生じたものではない。本格的なウイスキーを製造し、販売すれば、日本においても一定の市場を獲得できるという見通しは、結果的には誤ってはいなかった。

この当時の国内のウイスキー市場を支えていたのは、現在から振り返ると小さな萌芽のような需要である。そしてこの需要をとらえる鍵が、本格的なウイスキーの製造であったことは間違いないが、いかに本格的なウイスキーを国内で生産しても、原産国効果に劣るという問題があった。

しかし、この問題も戦時体制への突入がもたらした意図せざる結果という、状態の不確実性により、国内へのウイスキー輸入が細っていくなかで解消していく。市場における競争にかかわる状態が変化していく1937年に発売されたサントリーウイスキー角瓶は人気を博し、原酒が不足するという事態となっていく。

この期間のサントリーでは、KOMTRAX の事例とは異なり、効果の不確実性は生じていない。問題は、市場における競争をめぐる状態の不確実性だった。一方で、自分の仕事を大きくしたいという、信治郎の目的についても揺らぎはなく、反応の不確実性も見られない。戦時体制、その後の戦後の復興という、当初の予想を超えた市場の状態の変化が起きたことが、サントリーのウイスキーの成長を後押ししていく（**コラム3**参照）。

5-5　続けることで、つかんだ機会

サントリーのウイスキーは、発売とともに販売不振に直面している。市場は不確実でありプロジェクトは思うとおりに進まない。このサントリーの失敗を、企業家が市場で直面するミリケンの3つの不確実性のもとで振り返っておこう。効果の不確実性と反応の不確実性については、信治郎たちに大きな見誤りがあったわけではない。

問題は状態の不確実性だった。原産国効果に劣る当時の日本産ウイスキーは、市場における競争の状態が変化することによって売れるようになっていった。とはいえ、この輸入ウイスキーの入手が困難になっていく事態を、あらかじめ信治郎たちが予測できていたとは考えにくい。

そのなかで信治郎たちは、エフェクチュエーションでいう許容可能な損失の範囲で事業上のダメージに耐えながら、手中の鳥を生かしながら販売不振への対処

を続けていた。そして、この日々の取り組みが、単なる赤字の垂れ流しに終わらなかったのは、市場の状態は不確実であり、事業をねばり強く続けていれば、想定外の好機に出会う可能性は残されているからである。状態の不確実性を機会に転じるためには、企業家は迅速さを求めるあまり、事業の基軸を次々に変更したりはしないほうがよいのかもしれない。このねばり強さのなかからサントリーのウイスキーは、第二次世界大戦前後の時期に生じた国産ウイスキーの販売拡大についての千載一遇の機会に遭遇し、この出会いを飛行中のパイロットのように見逃さず、手中の鳥であった原酒を放出しながら販売を伸ばしていく。

SECTION 6 反応の不確実性に直面することになったコラボワークス(4)

6-1 営利企業という前提から自由な個人企業家

状態の不確実性、効果の不確実性、反応の不確実性は、どのような事業においても常に同じように出現するわけではない。コカ・コーラは、未来の市場の状態、そしてそこでの効果の鍵要因が確実には見通せないなかで、市場における行動を開始し、ニュー・コーク騒動に巻き込まれていく。コマツのKOMTRAXは市場での効果の鍵要因が、サントリーのウイスキーは市場の状態が確実に見通せないなかで、発売当初の販売不振に直面している。

一方で、コカ・コーラを除けば、反応の不確実性は出現していない。コマツもサントリーも、失敗に直面しても当初からの事業の目的は変更していない。しかし、コカ・コーラ以外にも、本書の第4章で見たアスクルや、第5章で見たスタディサプリのように、事業を進めていくなかで反応の不確実性が出現している事例もある。アスクルは、自社製品の販路としての役割を強化するか、小売りサービスとしての品揃えを強化するか、スタディサプリは、事業を個人向けに展開するか、学校向けに展開するかについての目的の転換を通じて事業を拡大している。

すなわち、これらの事例では、目的は行動しながら変わっていくものであり、事業の当初から確実なものとして定まってはいない。

とはいえ、目的とは階層的なものであり、営利企業においてはさらに上位にあるはずの収益機会の拡大という目的が揺らぐような事態は、コカ・コーラでもアスクルでもスタディサプリでも生じていない。もちろん営利企業においても、個別の事業や限定した時期などにおいては、収益機会の拡大よりもブランドとしての名声を追求したり、社会貢献に取り組んだり、安全対策を進めたりすることが優先されることはある。しかし、そのなかでも営利企業においては、こうした非収益の事業や活動は、他の自社の収益性の高い事業と組み合わせることで、全体としての収益機会の拡大の追求につなげていこうとするのが通常である。

営利企業の社内企業家が、こうした関係のなかに組み込まれているのに対して、個人企業家による起業はより柔軟である。あるいは、NPO法人などの企業家も同様の柔軟性をもつ。株式会社のような営利法人とは異なり、個人やNPO法人は営利目的からの自由度が相対的に高く、その分、彼らの行動では反応の不確実性が出現しやすくなる。続いて、そこから広がる可能性をコラボワークスの事例のなかに見ていこう。

6-2　副業としての起業

起業は、その成功者に大きな金銭的報酬をもたらす。しかし、そこにおいて起業の熟達者たちが採用している行動原則の意義は、経済的な成功を導くことだけではないのかもしれない。そもそも金銭面での起業というものの成功確率は高くはなく、達人といっても百発百中で成功するわけではない。しかし優れた起業家は、経済的な成功にはいたらなくても、別のところで人生の豊かさや充実感を高めていくことができることを楽しんでいるのではないか。起業の達人から学ぶことができるのは、人生を豊かにする行動原則であるのかもしれない。

中村龍太は現在、サイボウズ株式会社の執行役員である。一方で中村は、副業でコラボワークスという会社を運営し、9つのサービス事業に副業としてかかわっている（**図表6-3**）。

図表6-3　コラボワークスの9つのサービス事業

①飾らない ムービー撮影
②“アウトドア” 全部貸しサービス
③「好きと生きる」 複業講座
④パエリアづくりで学ぶ、ティール型組織
⑤ Do からはじめる 新規事業
⑥ IT/IoT を使った 農業経営講座
⑦会場との一体感を 引き出すモデレーター
⑧本格パエリア 料理教室
⑨ ICT 地域創生講座

出所：コラボワークスのホームページ（https://collaboworks.jp/）をもとに筆者作成

中村は、日本人にとっての新しい働き方に関するひとつのモデルを提供してくれる人物であるように思われる。そして中村は、その副業の体験から、エフェクチュエーションの論理を実践することは、人生の幸福度を高めることにも役立つと述べている。起業とは、そして副業とは何のために行うものなのかを、私たちは再考してみるべきではないか。

中村が副業をはじめたきっかけは、2013年の同氏の日本マイクロソフトからサイボウズへの転職だった。サイボウズでの報酬は、前職より低かった。だが幸いなことに、働き方改革を先駆的に進めていたサイボウズは、この当時より副業を認めていた。そこで中村は収入減の補填をねらって、副業をはじめたのである。

こうして中村は、当時のノーリツ鋼機株式会社の子会社だったNKアグリ株式会社の契約社員となる。NKアグリは、各地の農家と契約をむすび、作物の育成データなどを管理することで、収量の増加を実現したりする事業を展開していた。そして、そのデータ管理のソフトにサイボウズのキントーンが使われていたのである。なおNKアグリは、台風被害などにより2020年に事業の継続を断念しており、現在は解散している。

さて中村は自社のクライアントのNKアグリに、逆に契約社員として雇用してもらうことを提案する。そして義理の父が所有していた千葉県印西市の畑の一角を借りて、週末の人参栽培をはじめる。

6-3　やってみることで、気づいたこと

しかし結果的に、この中村の挑戦は意図せざる結果に終わる。第1に、人参栽培から得ることができた金銭的な報酬は、微々たるものだった。たしかに農業は、やり方によっては収益性に富んだ事業となる。しかし中村が試みたように、限られた時間と場所で作物を育てるだけでは、家計の支えとなるような収入は得られなかった。

だがさらに、意図せざる結果はこれだけではなかった。第2に中村は、想定外のところで充実感を味わう。中村の副業に興味をもった行政などから「IoTと農業」をテーマとした講演などの依頼が舞い込んでくる。そして各所で講演をしてみると反応があり、感謝される。農業を行うという新しい体験や、そこから広がる人脈も新鮮だった。

中村には、副業を通じて広がっていく体験が楽しかった。金銭的な収入とは別のところで、何か社会性を帯びた、未来に向けた活動に、自分がかかわっているという充実感がもてるようになっていった。

6-4　広がっていく事業領域

現在では中村の副業は、ドローンなどを使ったムービー撮影、畑つき多目的スペースの貸し出し、IT/IoTを使った農業経営講座、パエリア料理教室など、9つのサービス事業へと広がっている（**図表6-3**）。いずれも、収入よりも、自分らしい個性的な経験を積むことを目的とした副業である。

中村が手掛けてきた副業は、当初から意図していたわけではないが結果的に、エフェクチュエーションの5つの行動原則に合った展開となっている。先の人参栽培もそうだった。中村は、副業をはじめる際には、多額の資金をつぎ込むようなことはしていない。手許にある手段を活用し、中村が「おねだり」と呼ぶ依頼を、友人や知人、同僚や取引先に対して行い、ノウハウを教えてもらったり、ネットワークを紹介してもらったり、リソースを使わせてもらったりしている。

このように中村は自身の既存のリソースを使い、大きなお金を使うことのない範囲で起業を行う。だから、新しい副業に次々と踏み出していくことができる。エフェクチュエーションでいう手中の鳥と許容可能な損失の原則に対応した行動である。

起業に失敗はつきものだが、手中の鳥や許容可能な損失の原則にしたがっている限り、致命的な傷を負うことはない。そして致命傷とはならないから、失敗をしても次の新しい行動をどんどん起こすことができる。

6-5　人生の幸せの産出に貢献する行動の論理

副業であろうとなかろうと、企業家の行動は、次々に壁や制約にぶちあたる。思ったように収入が得られなかったり、機器の故障があったり、新たに規制が課されたりする。しかし中村はそこでめげたり、不運を嘆いたりするわけではなく、問題への次なる対応を試み、軌道修正を行う。そしてそこから学んだ新たな知見を活かし、さらなる展開につなげる。

中村にとっては、収入増という経済的な動機からはじめた副業だが、この当初の目的は達成できなかった。そこには乗り越えられない効果の不確実性があった。しかし中村は、副業から体験することになった想定外の幸福感 － 自分は、何か社会性のある貢献にかかわっており、日々の充実感が高まっているという感覚 － を見逃さなかった。当初の目的の収入増はほとんど実現していなかったが、それとは異なる幸福感をしっかりとキャッチし、中村はそこに反応していく。こうした中村の行動が、エフェクチュエーションでいう飛行中のパイロットのようにレモネードを絞り出し、クレイジーキルトを縫い上げることにつながっている。

中村は、期せずしてエフェクチュエーションの論理に沿った行動をとっていたことを、後にエフェクチュエーションと出会い、気づいていく。そして中村は、この気づきを踏まえてエフェクチュエーションの意義は、ビジネスとしてのお金儲けへの貢献に尽きるものではないことを、各所での講演や執筆を通じて、私たちに教えてくれている。

エフェクチュエーションが示しているのは、誰もが身の丈に応じて、自分を変える新しい活動をはじめることで、幸福をつかみ取っていくための行動原則だといえそうである。ここでいう幸福には、経済的な報酬を得ることだけではなく、社会性のある貢献に自分はかかわっており、日々の充実感を味わっているという幸福も含まれる。エフェクチュエーションの論理は、人生における幸せの産出にも貢献する。中村の実践は、経営学やマーケティング論は金儲けのためだけの学問ではないことも示しているように思われる。

SECTION 7 結論

企業家にとっての失敗の効用は、失敗に学ぶことから生まれる。企業家は失敗から学ぶことで、自己効力感を育成したり、安全対策や再発防止策の向上をはかったりすることができる。しかし、これらの効用は即時に獲得できるわけではなく、その学習には一定の期間を要する。

ところが起業や新規事業にかかわる企業家は、こうした学習の期間を経ることなく、短期間のうちに難局を乗り切ったり、次の局面を切り拓いたりしていく必要に直面することが少なくない。そこで俊敏に動く必要にこたえるためには、失敗を克服したり、解消したりすることに時間かけて対応していくのではなく、新しい視角から失敗を見直し、そこに潜在しているマーケティング上の価値や意義を引き出していく行動が有効なことが少なくない。

企業家が市場で直面することになる不確実性には、第5章で検討したように、状態の不確実性、効果の不確実性、そしして反応の不確実性の3つの不確実性がある。これらの不確実性は常に起業や新規事業を失敗に導く要因となるわけではなく、事業をより大きく拡大する企業家的機会の源泉となることが少なからずある（Miller 2012）。危機と機会はコインの両面であることが、マーケティングでは少なくないのである。

そして本章では新たに事例の探索的な比較を通じて、これらの不確実性のタイ

図表 6－4　企業家が市場で直面する不確実性の乗り切り方（本章で取り上げた事例）

事例	不確実性のタイプ	乗り切り方
コカ・コーラのニュー・コーク	状態の不確実性 効果の不確実性 反応の不確実性	視角を切り替え、成功を導く鍵要因を見直す
コマツの KOMTRAX	効果の不確実性	視角を切り替え、成功を導く鍵要因を見直す
サントリーのウイスキー	状態の不確実性	許容可能な損失の範囲でねばり強く事業を継続する
副業の目的（コラボワークス）	効果の不確実性 反応の不確実性	視角を切り替え、事業の目的を見直す

出所：筆者作成

プの違いによって、企業家がどのように失敗に対応していくべきかが異なることを浮き彫りにした（**図表 6－4**）。まず、効果の不確実性と反応の不確実性については、視角を切り替えることで機会を引き出し、成果を導くための鍵要因を見直したり、事業の目的を見直したりすることで、失敗を乗り越えていくことが短期間のうちに可能となることが少なくない。

効果の不確実性については、本章で取りあげた事例についていえば、コカ・コーラは、コークの訴求ポイントを味から伝統に切り替えることで、ニュー・コーク騒動を乗り切り、新たな成長機会をつかんでいた。コマツは、KOMTRAX を有料オプションとして販売から、無料標準装備によって生じる営業やサプライチェーンの効率化、そして中古市場での価値向上などの効果の活用に切り替えることによって、同社の建機の付加価値を高めていた。両社の動きは短期間のうちに生じており、これらの切り替えには何年も要するようなことにはなっていない。そして、コカ・コーラの反応の不確実性への対応についてもコマツと同様の俊敏な動きが見られる。コラボワークスの中村が、自らの副業の目的を変更し、幸せをつかんでいく転換も、何年もの時間を費やすことなく実現している。

一方で、サントリーのウイスキーの事例のように、状態の不確実性を源泉とした失敗の効用については、短期間のうちに実現できないことが少なくない。効果の不確実性や反応の不確実性は、企業家が視角を切り替えることによって、市場とのかかわりに潜在する可能性を顕在化させることができるという内生的な性格をもつが、状態の不確実性は多分に外生的な性格をもつ。

ニュー・コーク騒動のように、リリース後すぐに状態の不確実性が顕在化し、状況が一変することもないわけではないが、多くの場合は状態の不確実性が出現するまでには時間を要することになる。歴史を振り返れば、各種の地震、風水害、感染症、戦争、政変、恐慌などが、繰り返し企業や産業や社会を襲うことはあっても、こうした天災や人災が常態として定着してしまうことも少ないわけであり、状態の不確実性は市場の常とはなりにくい。したがって、この可能性に出会うためには、許容可能な損失の範囲で迅速に動き続ける一方で、「ねばってみる」ことが重要となる。

開始した事業やプロジェクトが、各種の市場とのかかわりにおいての不確実性のためにリリース後に低迷してしまうことがマーケティングにおいては少なくない。しかし、状態の不確実性の到来を待ち続けるだけが、企業家のマーケティングではない。固定観念の枠を外し視角を切り替えることで、短期間のうちに対応可能な効果の不確実性や、反応不確実性がそこに潜んでいないかを検討し、レモネードを絞り出し、クレイジーキルトを縫いあげていくようにするべきである。このように企業家は、市場とのかかわりにおいて直面する不確実性の違いに応じつつ、課題を見きわめ、ねばり強くかつ迅速に動くことで失敗を乗り切っていくべきなのである。そしてそこから、個人や組織が各種の学びを獲得していくことは、自己効力感の育成や安全対策の向上にもつながっていく。

本章の**コラム3**で紹介するサントリーのビール事業と、本文で見たウイスキー事業の創業後の展開の違いはここにある。長年の赤字に耐えたという点では、サントリーのビール事業もウイスキー事業も同じだが、許容可能な損失の範囲で事業を切り売りしていくという事態にはビール事業は陥っていない。このような展開の違いが生じたのは、ビール事業の場合は、早い時期に反応の不確実性に潜む可能性をとらえることに成功していたからだといえる。

最後に本章の発見物を振り返っておこう。以上の検討を踏まえることで、企業家は、どのような不確実性を活用しようとするかによって、失敗からの学び方を切り替えていく必要があることを指摘できる。不確実性を類型化し、そのもとでの対応方法を検討することで、エフェクチュエーションの５原則にはない、「ねばってみる」という行動原則が、どの局面でどのように企業家にとって重要となるかも見えてくる。マーケティングのおける企業家の失敗からの学びは、ひとつの立場に凝り固まらず、条件を踏まえて、ねばり強くも迅速な動きを通じて進めていくべきなのである。

（１）以下のニュー・コーク騒動の事例は、Pendergrast（1993, 訳 pp.392-413）、Hartley（1998, 訳 pp.160-175）、Keough（2008, 訳 pp.123-128）、Isdel & Beasley（2011, 訳 p.10）、成戸・比留間（2015）、栗木（2021c）をもとに作成した。
（２）以下の KOMTRAX の事例は、沼上幹（2016, pp.132-147）、栗木（2017b）、尾崎（2018, pp.177-183）をもとに作成した。
（３）以下のサントリーウイスキーの事例は、栗木（2014; 2015a）、筆者によるサントリーホールディングス株式会社へのインタビュー 2013年８月28日、2014年５月13日をもとに作成した。
（４）以下のコラボワークスの事例は、中村（2022）、栗木（2023d）、筆者によるコラボワークスへのインタビュー 2022年11月28日をもとに作成した。

COLUMN

コラム2：失敗からの学び「リフレーミング」

リフレーミングは、セラピーや心理療法の分野で用いられてきた概念である（栗木 2012a）。視点が変わり、とらえられる状況の意味が変われば、人が意識する内容も変わる。セラピーなどにおいてリフレーミングが果たすのは、視角を変えることによって、人がそれまで見逃していた価値や意義を新たに見いだし、何ができるかの発見をうながす役割である。

従前からのマーケティング論にも、リポジショニングという、このリフレーミングとよく似た概念がある。リポジショニングとは、製品やサービスのイメージやカテゴリなどを変更し、ターゲットとする市場において、人々の心のなかでの位置づけを再構成する活動である（Ries & Trout 2001, 訳 p.12）。製品やサービスに対する好感や愛着の向上は、買い手の頭のなかでの商品の位置づけが変わることによっても生まれる。リポジショニングは、このフレームの効果を利用して価値を生み出したり、強めたりする取り組みであり、製品やサービスそのものには手を加えない発想である。

リポジショニングとリフレーミングに違いがあるとすれば、それはリフレーミングが、フレームを変えれば、制約や弱みを克服したり、解消したりしようとせずにすむことを強調する点にある。この「制約や弱みも、フレーミングしだいでは機会や強みとなる」というリフレーミングからのメッセージは、セラピストや心理療法家たちが、問題をかかえたクライアントの心のあり方に向き合ってきたことから生まれている。

セラピーや心理療法におけるリフレーミングの役割は、クライアントが心の悪循環を抜け出し、葛藤を克服することにある。人は行き詰まった時に、変化のために新しい何かを求め、自らの外に目を向けるようになる。これは自然な心の動きだが、こうした行動が行きすぎれば、心理的なトラブルが起こる。なぜなら、こうした行動は、「自分はこうあるべき」という思いと、「今の自分」とのギャップを広げてしまうことにつながるからである。この葛藤を克服しようと、さらに自らの外に理想や解決策を追い求めると、一層「今の自分」を受け入れられなくなっていく。

このような心の悪循環に陥らないためにも、何かに行き詰まった時には、まずは今の自分を受け入れ、そのうえで何ができるかを考えるようにするべきある。セラピストを訪れるクライアントは、そもそも何らかの行き詰まりに直面しているわけで、重大な制約や障害を自身のうちにかかえている。しかし、こうした自身の弱みや欠点を克服したり、解消したりしようとする方向に性急に進めば、先のような悪循環を引き起こすことになりやすい。

そこでセラピストは、制約や弱みそのものには手をつけず、クライアントの認知や活動の枠組みを変えることに注力し、制約や弱みだと思い込んでいた事象に潜んでいる別の可能性をクライアントと共に見いだしていこうとする。このように当事者の心のはたらきに向き合い、そこに活路を求めるのが、リフレーミングというアプローチである。

リフレーミングを知れば、マーケティングにおいても、「弱みは強み」、「制約はリソース」という発想が生まれる。市場というのは逆説的な場であり、企業が制約を克服したり、弱みを捨てたりしないことが、逆に付加価値の形成や、競争回避の実現につながっていく、といったことが起こる。マーケティング・リフレーミングは、この可能性をとらえようとするものである（栗木 2012b）。

リフレーミングとは、制約や弱みを克服したり、切り捨てたりしようとはせずに、視点を変えることで価値を編み出していくアプローチである。このアプローチをマーケティングに取り入れることには、次のような利点がある（栗木 2017a）。

第 1 は、付加価値形成である。リフレーミングは、企業の制約や弱みを新たな視角から見直すことにつながる。この取り組みは、眠っていた価値を引き出すことをうながす。

第 2 は、競争回避である。リフレーミングによる成功事例を他社が後追いしようとすれば、敢えて制約や弱みという負の要素を取り込む必要がある。そのために多くの企業がリフレーミングによるマーケティングへの追従には二の足を踏むことになる。つまり新規参入者が相次ぐような事態が生じにくい。

第3は、スムーズな実行である。すでにある制約や弱みについては、それらを克服したり解消したりしようとすれば、社内外でさまざまな軋轢に直面することになる。こうした摩擦が少ないことも、リフレーミングの利点である。

第4は、スピーディな対応である。新たに強みやリソースを育成することに比べると、制約や弱みをそのまま生かすリフレーミングは、短期間での実行が可能である。変えずにそのまま活かすので、すぐに実行できる。これもリフレーミングの利点である。

COLUMN

コラム３：サントリー・ビールの不確実性への対応

後にサントリーはビール事業においても、長い年月をかけて黒字化を果たしていく。しかし、そこでの問題は状態の不確実性ではなく、効果の不確実性や反応の不確実性だった。

1963年にサントリーは、ビール市場に参入する（栗木 2015a, pp.142-145）。それまでの日本の主流のビールとは異なるデンマークタイプを採用しての参入だった。その後のサントリーのビール事業については、ミクロフィルター技術による生ビールへの挑戦などを経て、販売は上向いてはいくが、黒字化にはいたらない。発泡酒や第３のビールの投入、そしてプレミアムビールへの注力の効果により、2008年になってサントリーのビール事業はようやく黒字化を達成する。日々の節約と休日の贅沢の組み合わせの提案が、消費者に受け入れられたのである。

しかし、この間のサントリーのビール事業は、同社の負の資産であり続けたかというと、そうとはいい切れない。サントリーは反応の不確実性を巧みに生かしていた。ビール事業への参入によって得た装置産業のノウハウや商品開発力は、サントリーが後に参入した清涼飲料事業で活かされていく。そして、サントリーではこの清涼飲料事業を中心とした飲料・食品事業の売上高が、酒類関連事業を上回るようになっていく。ビール事業で収益をあげることだけを、ビール事業への参入の目的とするのではなく、プロセスで生まれる価値を見逃さずに、柔軟に目的を切り替えていく反応がとられていた。

Chapter 7

第7章
事業創造に限定されないエフェクチュエーション

SECTION 1 はじめに

エフェクチュエーションは、企業家研究から生まれた。エフェクチュエーションという企業家の行動の論理は、S.サラスバシーによって、卓越した個人企業家を対象としたプロトコル分析を用いた研究のなかから見いだされる。当初の探索的な研究では、そこに示されていたのは、優れた個人企業家は、従前のマーケティング論や経営学の主流だった戦略計画とは異なり、エフェクチュアルな行動をとる傾向が強いという結果だった。その後研究が進んでいくなかで、近年では個人による起業だけではなく、組織における新規事業などにおいてもエフェクチュアルな行動が有効であることについての探索と検証も進んでいる（Belkmadn 2011; Brettel et al 2012; Deng et al. 2021; 吉田 2022）。

こうした探索的、検証的な実証に加えて早い時期から、サラスバシーは、なぜ優れた企業家はエフェクチュアルな行動をとるのかという、理論上の問題の検討にも取り組んでいる。そこでサラスバシーは、起業や新規事業にあたって企業家は3つの不確実性に直面しやすいことに注目している（Sarasvathy 2008, 訳 pp.82-94）。これらの不確実性については、本書では第5章と第6章で、状態の不確実性、効果の不確実性、そして反応の不確実性の名称のもとで検討を重ねた。これらの企業家が直面する不確実性問題を第2章で見たF.ナイトの第3の不確実性に通じるものとしてとらえるのが、エフェクチュエーションの問題空間であり、エフェクチュアルな行動の合理性は、この問題空間において生じることをサラスバシーは指摘する。

以上のようなエフェクチュエーションが必要となる理由を踏まえると、エフェクチュエーションの問題空間が出現するのは、起業や新規事業のような事業創造の局面だけではない可能性にも目を向けたくなる。本書の第6章で見た中村龍太のように、経済的な成功にとどまらない幸福を実現していく個人の歩みにおいても、各種の不確実性との取っ組み合いは生じる。こうしたプロセスにおいてもエフェクチュアルな行動が有効となるのは、エフェクチュエーションがとらえているのは、起業や新規事業による収益の増大という経済的な成功にとどまらない、さまざまな個人や組織の成果を実現していこうとする際においても避けがたく出現する状態の不確実性や、効果の不確実性や、反応の不確実性に対処するために有効な行動の原則であるからだと考えることができる。

マーケティングにかかわると、状態の不確実性や、効果の不確実性や、反応の不確実性の問題は、戦争や感染症、あるいは地震などの天災や人災によって生じる生活の急変、サプライチェーンの混乱、さらには企業活動の不適合などのもとでも出現する。たとえば第6章で見たように、サントリーのウイスキーは日中事変から第二次世界大戦へと突入していく戦局のなかで、人気を博すようになっていく。サントリーが続けていたようなエフェクチュアルな行動が、エフェクチュエーションの問題空間のなかで合理的なのであれば、こうした戦争や自然災害などがもたらす市場の状態の不確実性に直面した場合にも、それらの行動は有効となりそうである。

本章では、こうした不確実性への対応 — すなわち、未来の確実な見通しを得ることが困難ななかで有効な行動のあり方 — という課題をめぐって、エフェクチュエーションの適用範囲を拡張していくことができる可能性について、まずはコロナ禍のもとでの2つの事例を通じて検討していく。そこでは、エフェクチュアルな行動を通じて、経済的な成功だけではなく、新たな知の探求のあり方の発見などが、不確実性に満ちた荒天の海の航海のなかでも実現していくことが見いだされる。このような展開が実現していくのは、エフェクチュエーションがとらえているのは、起業や新規事業を経済的な成功に導くという問題だけではなく、さらに広い視野のもとで個人や組織や社会をよりよくしていくという問題に対峙するために有効な論理だからだと考えることができる（**図表7-1**）。

図表７－１　エフェクチュアルな行動が合理的となる問題空間の構成

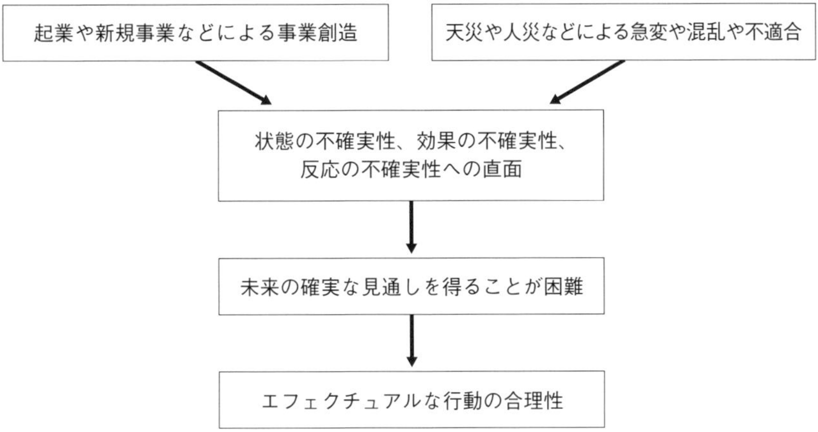

出所：筆者作成

SECTION 2　コロナ禍のなかでのエフェクチュエーション①：デンソー善明工場

２－１　これはいつおさまるか、わからない

日本国内で新型コロナウィルスの最初の感染が確認されたのは2020年１月である。時間とともに感染は拡大し、４月には緊急事態宣言が出され、外出や移動などの自粛が要請される。

この混乱のなかで同年の５月に入ったころ、株式会社デンソーの副社長（現在）の山崎康彦は、以前から引き受けていた新経営研会の見学会への対応を考えていた。デンソーの主力工場のひとつ善明製作所では、新経営研究会からの依頼を受けて見学会を伴う「異業種・独自企業研究会」の受け入れを、2020年３月に予定していた。２月ころからの新型コロナ感染拡大を受けて、この見学会は同年夏に延期することを決めていた[1]。

新経営研究会は1982年に創設され、40年ほどの歴史をもつ技術系の経営者層・幹部が集う研究会である。代表の松尾隆のもと、製造企業などの経営者層を中心とした会員に対して、交流や相互啓発の機会を提供するなど、活発な活動を行っていた。見学会の参加予定者には、日本を代表する企業の著名な経営者の名前も混じる。

見学会の延期を一端は決めたものの、４月に入るとコロナ感染は国内外で一段と拡大し、猛威を振い続けていた。５月に入るころには山崎は、「これはいつおさまるか、わからない」と考えるようになっていた。夏の見学会も、再延期になるかもしれず、先が見えない。ここはずるずると先延ばしするよりも、オンラインに切り換えてみてはどうか。

2-2　ウェブでやっても無意味

５月になって山崎は、新経営研究会に対してオンライン見学会への切り替えを提案した。提案は受け入れられず、「ウェブでやっても無意味」といわれた。今となっては当たり前の提案を山崎は行ったように思えるかもしれないが、この時点ではオンライン見学会などというものを体験した人はほぼいない。

そして、新経営研究会の異業種・独自企業研究会が大切にしてきたのは、「人と人のダイレクトな交流、そして現場を踏むこと」、すなわち「現場・現物・本人と実際に出会う、触れること」である。経営やものづくりの指導的な立場にある企業人たちが、技術や経営、科学や文化などの領域で革新的な挑戦を行っている組織や個人のもとを訪れ、現場に直接触れ、夢や未来をめぐる議論を交わす。このような場の提供に異業種・独自企業研究会はつとめていた。

こうした研究会のあり方を踏まえると、見学会は、話がオンラインでつながれば、ビデオを見れば、それで事足りるものではない。人と人が出会い、工場のなかを歩くことに意味がある。ビデオのカメラが向いているところだけではなく、360度対象外からも飛び込んでくる光景や音や匂いを感じる体験に価値がある。実際の体験を振り返り、ワイワイ、ガヤガヤと意見を交わすことに意義がある。

これが、この時点での新経営研究会のスタンスだった。

2－3　100%従来どおりとはいかないが、100%オンラインでやりたい

ここで見学会の受け入れの中止に踏み切るという選択肢もあったはずだ。しかし、山崎はねばり、工場見学は何とかして行いたいと考え続けた。オンラインはやはり、そのための有効なツールとなりそうだった。山崎は重ねての提案を、新経営研究会に向けて行った。

100%従来どおりとはいかなくても、止めたくない。デンソーは、日本の自動車製造企業などのジャスト・インタイムのリーンな生産を支える。そのために同社の工場では、供給を止めないための努力を重ねてきた。安定供給だけではない。生産現場の絶えざる工夫と改善で、品質やコストのレベルアップを止めない努力も続けている。この現場を、企業経営者に紹介する見学会は重要であり、きちんとやり遂げたい。そして、止めたくない。山崎はこのように考えていた。

またデンソーでは、「工場も商品」と考えていた。同じスペックの部品や素材であっても、どのようなつくり方をしている工場から供給を受けるかは、製造企業には無視できない問題のはずである。このことを伝える取り組みは、止めたくない。

2－4　対面でなくても、できることは少なくない

2020年４月にはデンソーでも、新入社員研修などはオンラインに切り替わっていた。そこでの体験などから山崎は、対面でなくてもできることは少なくないと感じていた。

新経営研究会の側でも、コロナ禍が長期化しそうな見通しが強まっていくなかで、やらない不満を会員たちのあいだに積もらせていくよりも、オンライン見学会という新しい形態を試みてみる意義があるのではないかと、考え直しはじめていた。このタイミングで山崎は新経営研究会に次のような提案を行い、受け入れ

られた。

①異業種・独自企業研究会の趣旨と長年培ってきた精神をおろそかにしない。
②今回オンライン見学会で使用するビデオは、異業種・独自企業研究会のためにすべて1から撮影する。
③オンライン見学会でQ&Aを担当する幹部社員は、対象となる生産現場の各箇所に立ち、カメラを持ち込んでダイレクトに質問を受け、実況中継のようにその場で答える。

オンラインで行われた善明製作所の異業種・独自企業研究会の見学会は、51名の参加者を得て2020年8月21日に開催された。デンソー側は、オンライン見学でも、従前に予定していた見学会と案内する内容は変えないことにした。事前に現場で撮影したオリジナル・ビデオの視聴後に、生産現場からカメラを通じてライブで質問にこたえるというかたちで、オンライン見学会は行われた。

デンソーとしては、ビジネスユースの工場見学をオンラインで受け入れるのは、はじめてであり、必ずしも自信があったわけではない。しかし、早く手を挙げてのトライアルであれば、失敗も許されやすい。チャレンジすれば、オンラインでできることと、できないことの見極めも早く進む。「1回楽しんでやってみよう」と、社内で話し合いながら準備を進めての見学会開催だった。

見学会は好評だった。新経営研究会に参加者から寄せられた感想には、「衝撃的な感動」、「十分に臨場感を感じることができた」、「実際に工場を見学しているよう」、「リアルな工場見学よりもわかりやすい」、「今後のオンラインによる勉強会のお手本になる」等々の賞賛の言葉が並ぶ。参加した企業の経営者や幹部にとって、期待以上の体験だったことが読み取れる。

2-5　やってみたことで、わかったこと

経営における創造のひとつの重要な源泉は、現場を訪問し、そこで人と人が直接交流することから生まれる創発である。この生の経験の価値を完全にオンライ

ン見学に置き換えることができるわけではない。生産ラインの流れ、在庫のたまり具合、清掃清潔の徹底など、現地に行かないと把握できないことは少なくない。

しかし、一方でオンライン見学会を行ってみたことで、わかったことがある。オンライン見学会には、リアル見学会にはない利点がある。たとえば、工場などのノイズの多い現場だと、後方の参加者には説明の声が十分に届かない。現物とはいってもよく見えるのは前方の４～５人といったことも起こる。しかしオンライン見学だと、通信環境を整えておけば、全員が平等かつクリアに説明に接することができる。デンソー善明製作所のオンライン見学会でも、「リアル見学よりもわかりやすい」との声が少なくなかった。

そしてオンライン見学会でも、時間は共有できる。リアル見学の臨場感は、時間と空間の共有から生まれる。同時配信のオンライン見学には、この空間の共有はないが、時間の共有はあるわけで、そこから生まれる一体感を参加者たちは味わうことができる。

加えてオンライン見学では、参加するための時間や場所の制約が低下する。忙しい企業の経営者や幹部が、会議などの合間をぬって参加することも可能になる。海外の日本企業の工場などから、将来を期待されている現地スタッフなどが参加することも可能になる。

2-6　新たに広がる夢

新経営研究会の松尾は、こうした経験をコロナ禍が生み出したチャンスととらえるようになっていった。そのうえでさらに、新しい見学会の新しいあり方の構想を検討しはじめていく。

リアルの見学会に価値がなくなったわけではない。しかし、リアルとは別の価値がオンラインによって生まれるのであれば、新しい見学会のあり方を考えるべきである。たとえば、日本の経営者たちが、海外の現場を訪問し、熱い対話を交わす見学会も、オンラインで中継すれば、より多くの参加者を見込める。現地には中継のためのスタッフを派遣し、自動翻訳などを活用する見学会などもあり得るだろう。多忙な経営者が制約から解き放たれ、より開かれた学びの理想へと踏み出すことができる。

コロナ禍のもとでも、止めない、止まらない毎日は進んでいった。そのなかでの行動から、新たな動きが芽生え、そこでの可能性をとらえることで、新しい夢が生まれている。ニューノーマルの日々を経て、新経営研究会は芽生えた構想のすべてではないが、そのいくつかを着実に実現している。

以上のデンソーと新経営研究会の行動は、エフェクチュアルだといえる。コロナ禍に直面するなかでデンソーの山崎は見学会のオンラインへの切り替えを提案し、新経営研究会のオンライン見学会へのチャレンジを引き出す。この提案は、すでにオンラインに切り替わっていたデンソー社内の新入社員研修などでの手応えを踏まえたものだった。そして、新経営研究会側も、やらない不満を会員のあいだに積もらせていくよりも、新しいやり方を試みてみることに意義があると考えるようになっていく。こうした行動は、エフェクチュエーションでいう、手中の鳥の原則、許容可能な損失の原則、そしてクレイジーキルトの原則に沿ったものである。

さらに、オンライン見学会を振り返ることで、リアル見学会にはない利点があることを見いだすという、飛行中のパイロットの原則に沿った行動も見られる。また、リアル見学会の断念から、オンライン見学会の実施を経て、新しい見学会の新しいあり方の構想を検討しはじめる動きは、レモネードの原則に沿ったものだといえる。

SECTION 3 コロナ禍のなかでのエフェクチュエーション②：王将果樹園

3-1　コロナ禍を乗り切り、成長を果たす

王将果樹園は、山形県天童市にある観光農園である(2)。10ヘクタールの農地にはサクランボをはじめ、桃、ぶどう、りんごなど、各種の果樹が栽培されてお

り、春から秋にかけてフルーツ狩りを楽しめる。2022年当時の王将果樹園の代表は矢萩美智である。同氏の祖父の代に果樹栽培をはじめ、父の代に観光農園化を進めた。３代目となる美智は、カフェ営業やネット通販など、経営の柱を増やしながら、団体から個人へという国内観光の変化にも対応し、スタッフ数20名ほどの企業へと成長を遂げている(3)。

王将果樹園は、新型コロナの感染が拡大するなか、いち早く人気のサクランボ狩りの中止に踏み切り、サクランボの販売をネット通販などに切り替え、危機を乗り切った。この2020年のウィズコロナの日々のもとでは、第一波、第二波、そして第三波と、感染拡大の波が繰り返し押し寄せては引いていく。コロナ禍への対処のひとつの難しさは、局面が猫の目のようにコロコロと変わり、予測が難しいことにあった。感染後の後遺症やウイルスの突然変異など、わからないことは尽きず、議論の絶えない日々のなかで、王将果樹園は新たな事業機会をつくり出し、過去最大の売上をこの年に達成していく。

企業は、コロナ禍のような不確実性に対しても、日頃から備えを怠ってはならない。しかし企業が、そのための完璧な防御壁を事前に築こうとしても、徒労感が増すだけかもしれない。事前の対策を微に入り細に入り計画するのではなく、ことが発生してから、風を受け止める木々の枝のようにしなやかに対応の道筋を探るようにするほうが賢明なのかもしれない。ではそのためには、企業はどのような備えを用意し、どのような実行につなげていけばよいのだろうか。

3-2　迅速な切り替えを、どのようにして実現したか

コロナ禍により観光客の姿が消えた2020年の６月。サクランボ狩りの最盛期を迎えようとしていた王将果樹園は、観光農園の休業を余儀なくされていた。そのなかで王将果樹園は、何もしなければ過半の売上を失ってしまいかねない危機を、観光農園用のサクランボをネット通販などで完売することで乗り切る。

この2020年の前半、日本国内の各所では、テイクアウトに力を入れるレストランなど、販売方法の切り替えが試みられていた。そのなかにあって王将果樹園は、新たなオペレーションへの切り替えが早かった。そのためにNHKなどをはじめ、

多くのマスコミの取材対象となっている。この一足早い動きは、天童市のDMC（Destination Management Company）などとの連携によって支えられており、地域の人たちとの関係性のなかで実現している。

王将果樹園は、将棋の駒の産地としても有名な山形県天童市にあって、サクランボに加えて各種の果実を約10ヘクタールの農園で栽培している。実った果物をスタッフ総出で摘み取り、自社サイトでのネット通販などによって出荷するとともに、摘み取り切れない分は観光農園に回していた。観光農園にはカフェなどを併設し、仙台市や首都圏などから多くの観光客を受け入れていた。

コロナ禍以前の王将果樹園の売上は、オンラインなどの通販と観光農園がおよそ半分ずつという構成だった。この観光農園の最大の稼ぎ時であるサクランボシーズンに、休園に踏み切ることの経営上のダメージは極めて大きい。

3-3　ボトルネックは人手不足

コロナ禍以前から王将果樹園は、観光農園用以外の果実については、ネット通販などで直接販売するようになっていた。休園後の観光農園用のサクランボの新たな販路ついても、王将果樹園はこの通販を活用することができた。2020年4月に全面的な通販への切り替えを決断してからは、王将果樹園では顧客名簿を活用して、ネットやダイレクトメールによるPRを強化するとともに、SNSなどでの発信を強化した。その結果、マスコミに取りあげられたり、応援の声が集まったりして、通販への注文は例年以上に増えた。前年の約2倍のサクランボを王将果樹園はこの年に通販で出荷した。

しかし、この切り替えは、すんなりと実現したわけではない。現場のオペレーションは、複数の要素がかみ合わなければ動かない。王将果樹園の切り替えにおけるボトルネックは、販売とは別のところにあった。

サクランボという果実は繊細で、小さく、数が多い。そして初夏の早朝の気温が低い時間帯に一気に摘み取り、その日のうちに出荷しなければ、あのみずみずしい味わいは保てない。ここに課題があった。サクランボの摘み取りには、他の果実と比べて多くの人手を要する。王将果樹園ではスタッフで収穫作業をこなしきれない分を、観光農園に回していた。

観光農園用のサクランボを、ネット通販に切り替えて販売しようとすれば、収穫のために新たな人手を集めなければならない。根気のいる作業をていねいに行う良質な人材を、コロナ禍によって人に移動が制限されるなかで急遽どこから確保するか。

3-4　地元の温泉旅館スタッフの手を借りる

王将果樹園の矢萩美智は、この問題を、国内のコロナ感染がまだ少なかった2020年３月の初旬ごろから、海外からのニュースなどを見ながら考えはじめていた。そして４月になり、首都圏などを対象にした緊急事態宣言が出る。この時点では、山形県は宣言の対象外だったが、観光農園には予約のキャンセルが相次ぐ。

危機感を強めた矢萩は思いを固め、DMC 天童温泉に声をかけた。DMC 天童温泉とは、同じ天童市内の温泉旅館などが共同で予約サイト運営や観光ツアー造成を行うために設立したマーケティング会社である。当時は兼担で働くスタッフが２名いるだけの小さな組織だった。

王将果樹園はその３年ほど前から、DMC 天童温泉が手がけるツアーに協力し、通常とは異なる時間帯でのサクランボ狩りを受け入れるなどしていた。矢萩は、この DMC 天童温泉に、サクランボの収穫に市内の旅館スタッフの手を借りることはできないかと持ちかけた。コロナ禍によって観光農園だけではなく、温泉旅館も閑古鳥が鳴く。手持ち無沙汰となる旅館スタッフの手を活用できないかと考えたのだ。

とはいえ旅館によっては、スタッフの兼業を禁止している場合も少なくない。特例として経営者の了解を取りつける必要などがあった。また、コロナ禍が拡大していくなかで、国の雇用調整助成金の特別措置などの対応も行われ、旅館スタッフは休業中も一定の給与は補償されることになった。それなら家にいるほうがよいと考える人もいた。一方で家の外に出て、体を動かして仕事をしたいと考える人もいた。農園でのサクランボの収穫作業は、屋外での仕事なのでコロナ感染のリスクは少なく、呼びかけてみたところ、手を挙げてくれる旅館スタッフは少なくなかった。

王将果樹園が観光農園の休園を決めたのは、緊急事態宣言が全国に拡大された2020年の４月下旬である。そしてDMC天童温泉による声かけや調整などもあり、この年の５月の半ばには、サクランボの収穫のための人手の確保が整っていった。

3-5　人手を増やさずに出荷量を伸ばす企画

その後、フルーツ狩りに訪れる観光客の受け入れは徐々に再開可能となるものの、コロナ感染の波は繰り返し押し寄せ、王将果樹園にとってのネット通販の重要性は増していく。王将果樹園で栽培されている果樹は、初夏のサクランボにはじまり、桃、ぶどう、梨、リンゴと、コロナ感染の波には関係なく、次々と実りと収穫の時期を迎えていく。矢萩たちは社内の労働力の問題も考えながら、出荷の方法を検討する。

コロナ禍を受けたニューノーマルの日々のなかで、王将果樹園は「ワケあり倶楽部」というネットの企画販売を新たに開始する。ワケありの商品 — すなわち規格外の果物で、ちょっと見た目が悪かったりはするが、通常のものと味は変わらない果物 — を、頒布会方式で安価に販売するという企画である。ヒントは、コロナ禍以前に併設ショップで販売していた果実商品で人気があったのは、ワケありの商品だったというショップスタッフの発言にあった。プレスリリース行い、SNSで発信してみたところ、地元の新聞に取り上げられたり、リツイートが１万ほどあったりして、最初の「ワケあり倶楽部」は完売を果たす。

「ワケあり倶楽部」は、顧客の側から見れば、安価でおいしい果物を入手できるメリットがある。それだけではなく、王将果樹園にも、限られた人手で果物の出荷量を伸ばすことができるメリットがある。ワケあり商品なら、重さ、大きさ、色などで箱に詰める果物を細分化しなくてよく、選果や箱詰めなどの作業が効率化する。「ワケあり倶楽部」は、ネット通販の販売促進だけではなく、業務効率の向上にも貢献する企画だったのである。

こうした行動を通じて、2020年の王将果樹園は観光果樹園の休園に追い込まれながらも、過去最大の売上を達成する。そしてさらに、次年度以降も続くコロナ禍のもとでのニューノーマルの日々、さらにはその先のアフターコロナにおいても事業を効率的に拡大していく手掛かりをつかむ。

矢萩がこれらの手を矢継ぎ早に打っていったのは、東日本大震災の際に対応が遅れ、売上を大きく減らした悔しい体験がバネとなっているという。そして、このニュー・ノーマルの日々のなかで、スタッフも学び、新たに王将果樹園の店先に設置した果物の自販機についても、そのなかの商品を入れ替えてみては売れ筋をつかんでいく、といった行動が生まれているという。

3-6　新しい行動を統合的な仕組みの変革のなかで実現する

マーケティングに限らず、組織や人の活動においては、事態が想定外の方向に急展開していく局面がある。そこでは、とっさの判断で新しい方向を見いだし、行動を切り替えていくことから、新たな企業家的機会をつくり出すことができることがある。危機のなかでも、許容可能な損失の範囲で行動を続けていくべきなのは、行動を止めてしまえば、新しい機会が事業にもたらされることもなくなるからである。

とはいえ、新たな行動をはじめるだけでは、当面の目先対応に止まってしまう。王将果樹園は、ニューノーマルの消費における人々の変化に表面的に対応するだけではなく、自社の収穫や出荷などオペレーションの見直しにも踏み込み、作業者の手配や、収益化の仕組みの見直しを進めている。ニューノーマルの消費に対応しようとすれば、自社の事業の複数の領域に影響が及ぶことを見逃さず、新しい行動を一時しのぎに終わらせないための変革に取り組んでいる。

こうした王将果樹園の行動は、エフェクチュアルな対応を繰り返すなかで生まれている。コロナ禍に直面した王将果樹園は、自社の観光農園で栽培していたサクランボを、どのように活用し、転用するかを、従前から関係性を培っていたDMC天童温泉との連携のなかで見いだしていくという、大きな投資をともなわない行動によって、未曾有の事態を乗り切っていく。こうした行動は、エフェクチュエーションにおける、手中の鳥の原則、許容可能な損失の原則、そしてクレイジーキルトの原則に沿った行動だといえる。

そして王将果樹園は、そこでの成果に安住することなく、スタッフの発言をもとに「ワケあり倶楽部」を立ち上げるといった、飛行中のパイロットの原則に沿った行動も絶やさない。こうした迅速な行動は、東日本大震災の際の失敗を踏まえたものであり、レモネードの原則に沿ったものだともいえる。

3-7　起業や新規事業に踏み出さなくても、マーケティングは不確実性に満ちている

エフェクチュアルな行動の効果は、起業や新規事業といった企業家的行動の局面にとどまるものではないのかもしれない。本章では、エフェクチュエーションが、起業や新規事業の局面に限定されることなく、不確実性に対処するための有効な行動となる可能性について、コロナ禍のもとでの2つの事例を踏まえて検討してきた。

そこでは、エフェクチュアルな行動を通じて、利潤獲得という経済的な成功はもとより、新しい研究会の構想やスタッフの発言の活用など、新たな知の探求のあり方が、コロナ禍という災害のもとで次々と芽ばえていた。たしかにここで確認された結果は、限定的な事例にもとづくものであり、どれだけの一般性があるかについては、さらなる検討が待たれる。

しかし、そこから、「エフェクチュアルな行動は起業や新規事業に向かう場合だけではなく、マーケティングが避けがたく出会うことになる各種の想定外の事態を乗り切っていくうえでも有効性をもつのではないか」という問題提起を行うことは可能なはずである。コロナ禍だけがマーケティングが出会う不確実性ではない。続いてこの可能性をめぐり、起業や新規事業以外のマーケティング上の困難をエフェクチュアルに乗り切ることで、さらなる飛躍を果たしていった事例を見ていこう。

SECTION 4　行政処分という危機のもとでのエフェクチュエーション：アクサス

4-1　行政処分の通知が届く

アクサス株式会社は、ITエンジニアの派遣サービスを主軸に各種の事業を展開する企業である。2022年の時点でアクサスは、売上が60億円を超えるまでに成長している[4]。

アクサスは2007年に設立された。10年ほどを経て成長を果たしたアクサスは、その成果が認められ、総合人材サービスを展開するメガベンチャー企業のグループ内において、2018年10月に最優秀事業部賞（MVP）を受賞する。

しかしこれは、つかの間の喜びだった。翌11月に事態は一転する。アクサスに大阪の労働局から行政処分の通知が届いたのである。

当時のアクサスでは、売上の約6割をシステム・エンジニアリング・サービス（SES）が占めていた。SESは、元請けとなる企業が派遣先企業を開拓し、準委任契約を結んだ個人、あるいは下請けの小規模事業者に所属するエンジアを紹介するという方法で行われる。

SESは、人材を派遣する規模や期間などについての自由度が高いため、スピードが求められるシステム開発に対応するのに適している。システム開発の現場では、広く用いられている方法である。だがSESでは、エンジニアに取引先企業が直接指示を出すことは、法律違反となる。先の行政処分も、この偽装請負の問題によるものだった。

4-2　危機がもたらした新たな機会

行政処分は、企業ブランドを毀損し、取引先との関係やエンジニアの採用などにも影響が及ぶ。アクサスの場合も、このダメージにより売上の大幅な減少、さらには退職者の増加などが進むことが危惧された。

アクサスは、行政処分を契機にビジネスモデルの転換をはかる。アクサスは、一時は売上の３分の１ほどを失うことになるが、現在は成長基調を取り戻している。そのなかで新しいビジネスモデルに移行した結果、アクサスは収益性を高め、2021年９月期決算において過去最高の事業利益（一般的な営業利益に相当する）を達成している。

ビジネスは複雑であり、危機が新たな機会をもたらすことも少なくない。行政指導を受けることになったアクサスも、結果的にはそうだった。危機を経てアクサスは、より収益性の高い健全な企業としての再生を果たす。

4－3　無機質に人が集まり、処理を続ける作業場でよいか

なぜアクサスは、行政処分という向かい風を、短い期間で、事業を前進させる追い風に転じることができたか。時計の針を少し戻すと、アクサスはこの危機に先立つ時期に、中長期の発展をめざす企業体になるべく経営改革に取り組んでいた。

2007年の設立後からしばらくのあいだ、アクサスにとってSESは自社の成長に合致した事業形態だった。期首に強気の売上目標を定め、これをKPI（重要業績指標）とした管理を行っていれば、ある時期までは順調に事業を拡大できた。一方でエンジニアをはじめとする社内のスタッフの働き方、そしてその育成のサポートなどへの対応は、後回しになっていた。

やがてアクサスは、営業予算にもとづく管理という一面的な経営の限界に直面しはじめる。売上は順調に伸びていた。しかし、退職者の増加が目立つようになり、2014年ごろには離職率が一時24％にものぼった。

このころまでのアクサスでは、日々の活動は基本的には期末の営業予算の達成度によって管理されていた。しかし営業部門以外のスタッフにとってみれば、営業予算の達成度は、自身の裁量でコントロールしづらい数字であり、むしろプロジェクトの円滑な進行にとって支障となることすらあった。担当する業務において、よい仕事をすることが、管理指標にどのように貢献するかがわかりにくい状

態のなかで、日々の活動が続けられていた。

また、営業をはじめとする各種の部門のスタッフが、営業予算の達成度とは別に、個人の能力の向上や、売上以外の組織への貢献などを公式・非公式に評価される雰囲気や制度も存在しなかった。さらにアクサスがあげた財務上の成果は、自社内ではなくグループの他の企業に再投資されていた。

成長が続いていたアクサスだが、その内部には以上のような問題をかかえていた。当時アクサスの人事部長に外部から登用された砂長義和は、「ただ無機質に人が集っている状況で、『商売』というよりも、皆で『処理』をしているように感じたのを覚えている」と述べている。

4-4　営業重視の予算管理の限界

IT エンジニアの派遣サービスという、売り手市場が続く事業領域を自社の柱としてきたこともあり、アクサスは短期的には営業重視の予算管理で成長を続けることができた。しかしそれだけでは、未来に向けて組織内の人材を育成し、制度や文化の練度を高め、取引先との関係性を強めていくという、中長期的な資源蓄積は進まなかった。

このような組織で働くスタッフにとってみれば、自分にとっても大切だと感じることができる何かが、時間とともに積み上がっていく感覚は乏しくなる。日々予算の達成をめぐって、営業とエンジニアなどの部門間の軋轢は強まる一方であり、気がめいる。一方で目を転じると、市場全体の成長は続いており、転職はしやすい。

こうなると、離職者が相次ぐことは止めがたい。そしてこの動きが臨界点に達すれば、土砂崩れのように組織の崩壊が進むことになる。

アクサスの執行部は、以上のような問題を直視し、無理な予算目標の見直しを進める。加えて彼らは、アクサスという企業の存在意義を問い直し、自社の理念とビジョンを明確にする社内プロジェクトに着手する。数字による管理の手綱を手放したわけではないが、新たに組織内に質的な共通目標となる理念とビジョンを確立することが、問題の解決につながると考え、取り組みを進めた。

4-5　危機に先立って、定めていた理念とビジョン

営利は大切だが、金だけのために人が集う企業であれば、金の切れ目が縁の切れ目となる。これを避けるためにも、理念やビジョンは必要であり(5)、営利活動を積み上げていくことでどのような集団となり、社会への貢献をどのように果たしていこうとしているかの共通理解を、企業は経営の節目に応じて振り返り、深めるべきである。

アクサスの事業の成り立ちを考えれば、その社運は優れたエンジニア人材をどれだけかかえることができるかにかかっている。アクサスは社内の幹部合宿などを経て、企業理念として「すごい！を追求する」、そしてビジョンとして「日本でもっともエンジニアがわくわくする会社になる」を2016年に制定した。

エンジニア部門だけではなく、営業部門も管理部門も、全社をあげて「エンジニアがわくわくする会社」を実現するために「すごい！を追求する」ことに邁進する。そんな会社となっていこうというのが、アクサスの理念であり、ビジョンである。

4-6　組織が理念やビジョンに向き合う意義

理念やビジョンは第1に、組織のメンバーの共感を得られるものでなければならない。第2に理念やビジョンは、客観的で数量的な評価のためのものではなく、質的で抽象度の高いものがよい。なぜなら理念やビジョンの役割は、予算目標などの経営の数字の妥当性を、組織のメンバーが判断し、納得するための共有基盤を、数字の外部に確保することだからである（國部 2021）。

たとえばアクサスには、理念とビジョンのもとで、「この目標数字は、『日本でもっともエンジニアがわくわくする会社になる』ためには、過小なのか過剰なのか」と、各種のKPIを折に触れて見直す機会がビルトインされることになった。さらに理念やビジョンは、営利面の数字が思わしくなく、組織が空中分解しそうな時期を、共同体としての絆によって乗り切っていくための命綱ともなる。そし

て「『すごい！を追求する』会社なのだから、社内にこんなサポート体制をつくりたい」といったかたちで、予算管理からは生まれない共同体としての組織を活性化する提案を内発的に生み出す仕掛けともなる。

4－7　危機を跳ね返したアクサス

危機に直面したアクサスが幸運だったのは、行政処分に先立ち、理念とビジョンにもとづく経営に踏み切っていたことである。そのためであろう。実際には行政処分後のアクサスでは、危惧されていたような退職者の増加は生じなかった。大多数のスタッフがアクサスに残り、事業の再建に経営陣とともに取り組むことを選んだのである。

アクサスの売上については、さすがに一時は３分の２ほどにまで縮小した。しかしこれも２年ほどで反転を果たしており、アクサスの事業は再び成長軌道を取り戻している。そして重要なのは、この間にアクサスがビジネスモデルを転換し、収益性を向上させたことであろう。2022年の時点ではアクサスの売上はかつてのピークにまでは戻っていないものの、利益についてはすでに過去最高を更新している。

アクサスが、このより稼げる体質への移行を果たすことができたのは、SESを止めて、労働者派遣事業に切り替えたからである。アクサスの社内では、行政処分の以前からSESはアクサスの理念やビジョンにかなう事業なのかについての議論がなされていた。

労働者派遣事業のもとで十分な人材を確保しつつ、需要の変動への柔軟な対応を実現するオペレーションを実現できれば、法令遵守だけではなく、中間マージンの削減などから収益性は確実に向上する。しかし当時のアクサスにとっては、SESは自社の事業の稼ぎ頭であり、その停止は軽々には決断できなかった。さらにいえば、労働者派遣事業はSESに比べて難易度が高い。

このようなトレードオフを前に悶々としていたアクサスの背中を、行政処分が押すことになった。危機はこのようにしてアクサスに、新たな機会をもたらしたのである。

4-8　高収益化がねらえる労働者派遣事業に全力集中

アクサスは行政処分後に、積年の課題だったSESから労働者派遣事業への転換への取り組みを積極化する。労働者派遣事業を行うには、ITエンジニアを自社で雇用しなければならない。ITエンジニアは転職者の多い人材領域ではあるが、彼らは引く手あまたである。アクサスの求人に彼らがどれだけ応じてくれるのか。

求人をはじめてみると、アクサスが定めていたユニークな理念とビジョンが効果を発揮した。転職市場のITエンジニアたちは、金銭面の報酬だけで仕事を選んでいるわけではなかった。やりたいことに、意気に感じて没頭できる職場かを気にする人たちも少なからずいた。こうした人たちがアクサスに集まってくるようになる。

そしてアクサスは、「分不相応採用」という、自社に不釣り合いとも思える高度人材に積極的に声をかけ、採用を進める取り組みもはじめる。これは未来に向けてアクサスが変わっていくことへの期待感を、社内に醸成することを意図した取り組みだったが、ここでも採用候補者を口説くうえで、理念とビジョンが役立った。

とはいえ、これらだけではアクサスにとって十分な数の人材は確保できなかった。そこで、未経験者を採用し、社内でITエンジニアに育成することにも取り組みはじめる。当然ながらそこには、採用した未経験者を育てる仕組みが必要となる。

アクサスは、未経験者を経験者との組み合わせで派遣するようにしたり、未経験者でも担当しやすい、保守・管理などの領域の派遣業務を受注したりしていくことで、採用した未経験者をITエンジニアに育てていく体制を整えていく。未経験者の募集をはじめてわかったことだが、応募者には女性が少なくなかった。想定外ともいえる女性応募者を積極的に採用した結果、アクサスは2021年のWOMANS' VALUES AWARDの企業部門最優秀賞受賞など、女性活躍を推進している企業としての注目度も高めていく。

以上のように行政処分という危機のもとでのアクサスの行動は、エフェクチュアルだった。アクサスは、行政処分を受けることで、SESから労働者派遣事業への切り替えを進める。この労働者派遣事業への切り替えは、法令遵守だけではなく、アクサスの収益性の向上にも貢献するものだったが、従前の同社の稼ぎ頭だったSESを一気に停止することには踏み切れずにいた。しかし、行政処分を受けたことによって、アクサスはこの切り替えを一気に進めることになる。危機によってSESの停止が許容可能となってしまったのである。そのなかでアクサスは、未経験者を採用し、社内でITエンジニアに育成する仕組みも整えていく。こうした動きは、許容可能な損失の原則、クレイジーキルトの原則、そしてレモネードの原則に沿ったものである。

そしてアクサスは、行政処分に先立って確立していた理念とビジョンを、この労働者派遣事業に活用するとともに、未経験者や女性を採用し活用する仕組みの構築の動きも早かった。これらは、手中の鳥の原則、そして飛行中のパイロット原則に合った行動である。

SECTION 5 結論

経営学や経済学では企業家とは、イノベーティブな起業や新規事業を担う人物を指す。S. サラスバシーは、英米圏における歴史的な企業家の行動の事例として、ウェッジウッドやマイクロソフトやステープルズなどが新しい事業を実現していくプロセスを振り返り、そこでは計画的とはいえない行動のなかでの偶発的な事態との遭遇が、価値創造のための機会として活用されていたことを指摘する(Sarasvathy 2008, 訳pp.118-119)。つまり、事前に計画されていたわけではない、行動するなかでの幸運な出会いという不確実性は、企業家が起業や新規事業を進めるうえでの重要なリソースとなることがある。

事前の計画を超える不確実性は、起業や新規事業にとどまらない個人や組織の

各種の活動 ― コロナ禍のような自然災害、行政処分のような社会事象など ― においても、さまざまなかたちで、繰り返し出現する。本書の第5章で検討したように、こうした不確実性は企業家的機会をもたらすことがある。とはいえ、幸運な出会いの活用だけでは十分ではない。そして、これも第4章で検討したように、そこで企業家は、先の見通しが必ずしも定かではないなかでのプロジェクトへのコミットメントを続け、事業の組み立てを変えたり、新しい要素を組み込んだりしながら、新たな用途開発や目的の変更を進めていく。こうした俊敏な行動によって、企業家的機会は新しい価値と富を生み出すイノベーションへと結実していく。

本章ではさらに、起業や新規事業の範囲を超えた個人や組織の活動を振り返った。そこでは天災や人災のもとでの企業活動でも、第4章の事例と同様に、エフェクチュアルな行動のミックスから局面の転換が生まれ、危機を乗り越えていくなかで新たな用途開発や目的の変更が生じるという展開が見られた。加えて本章では、こうした新たな用途開発や目的の変更は、新しい学びの構想の広がりや、スタッフの発言や行動を経営に生かす実践や、女性活躍を推進する新しい仕組みの確立など、収益の増大という経済的成功にとどまらない個人や組織や社会の価値の増大についても貢献しながら、私たちの未来を拓いていくものであることを目撃した。

エフェクチュアルな行動は、起業や新規事業のような事業創造が生み出す経済的成功に貢献するだけのものではないようである。第6章の中村龍太の事例もそうだったが、エフェクチュアルな行動は、収益の増大のような経済的成功を超えた、より広がりのある個人や組織や社会にとっての幸福を生み出すうえでも有効性をもつものだと考えることができる。

天災や人災は、いつ何時私たちを襲うかもしれない。こうした危機を個人や組織がリソースとして活用するには、緊迫した状況のなかにあっても、その場その時に個人や組織に配られている手持ちのカードを用いて、生き残りのための行動を起こそうとする姿勢が大切になる。本章の事例に登場した個人や組織も、「すぐに使える手段を使って、何ができるか」を問いながら新しい活動に次々と取り組んでいた。そして天災や人災のもとでも、エフェクチュアルな行動を通じて、経済的な成功だけではない、個人や組織や社会にとっての新しい目的の開発が進んでいくことによって、彼らはより豊かな価値の実現へと、未来に向けた歩みを進める契機をつかんでいた。

エフェクチュエーションは企業家研究から生まれた論理だが、そこにとらえられているのは、事業創造以外の局面における不確実性に対処するためにも有効な行動である可能性がある。そして、エフェクチュアルな行動によって各種の不確実性を乗り切った経験をもつ人は、起業や新規事業につきまとう不確実性に過度の恐れをいだくことはないと思われる。エフェクチュアルな行動の経験は、起業や新規事業の成功には直接的にはつながらなくても、そこでの学習を通じて、第6章でも指摘した自己効力感をもつ人材の育成にもつながる可能性がある。エフェクチュエーションが対処しようとしている問題空間を理解することで、その適用領域を拡大する道筋が見えてくる。

(1) 以下のデンソー善明工場の事例は、栗木(2021e)および筆者の株式会社デンソー、新経営研究会へのインタビュー 2021年3月26日、2023年5月13日をもとに作成した。
(2) 株式会社やまがたさくらんぼファームが手がける観光果樹園やeコマースなどは、王将果樹園の名称のもとで展開されている。各種の事業の主体となる企業が、やまがたさくらんぼファーム、消費者などへの顔となるブランドが、王将果樹園である。本書ではこの両社についての表記は、王将果樹園で統一している。
(3) 以下の王将果樹園の事例は、栗木(2020; 2022g)、矢萩(2023)、および筆者の株式会社DMC天童温泉、株式会社やまがたさくらんぼファームへのインタビュー 2020年8月25日、2020年9月1日、2021年10月26日、2021年10月27日、2021年12月1日をもとに作成した。
(4) 以下のアクサスの事例は、本庄・栗木(2022)、栗木(2022h)、および筆者の株式会社アクサス株式会社へのインタビュー 2022年4月25日、2022年10月6日をもとに作成した。
(5) ここでアクサスが理念やビジョンとして定めているのは、「私は誰であるか」というアイデンティティにかかわるものであり、何を求めるか、すなわち事業のための市場や目的についての絶対的な選好を導くものではない。アクサスは、あらかじめ詳細な事業の構想を描き出そうとしているわけではなく、この理念やビジョンは詳細な競合分析の必要性の認識を喚起するものではない(Sarasvathy 2008, 訳 pp.104-105, pp.115-116)。

参考文献

参考文献

Aaker, David A. and George S. Day（1980）*Marketing Research: Private and public sector decisions*, John Wiley & Sons.（石井淳蔵・野中郁次郎訳『マーケティング・リサーチ：企業と公組織の意思決定』白桃書房、1981年）

Auletta, Ken（2009）*Googled: The end of the world as we know IT*, Penguin Press.（土方奈美訳『グーグル秘録：完全なる破壊』文藝春秋、2010年）

Bandura, Albert ed.（1995）*Self Efficacy in Changing Societies*, Cambridge University Press.（本間寛・野口京子監訳『激動社会の中の自己効力』金子書房、1997年）

Belkman（2011）*Corporate Effectuation: What managers should learn from entrepreneurs!*, Sdu Publishers.

Blank, Steve and Bob Dorf（2012）*The Startup Owner's Manual; The step-by-step guide for building a great company*, K & S Ranch.（堤孝志・飯野将人訳『スタートアップ・マニュアル：ベンチャー創業から大企業の新事業立ち上げまで』翔泳社、2012年）

Brettel, Malte, René Mauer, Andreas Engelen and Daniel Kipper（2012）"Corporate Effectuation：Entrepreneurial action and its impact on R & D project performance," *Journal of Business Venturing*, vol.27 No.2, pp.167-184.

Brown, Tim（2009）*Change by Design: How design thinking transforms organizations and inspires innovation*, Harper Business.（千葉敏生訳『デザイン思考が世界を変える：イノベーションを導く新しい考え方』早川書房、2019年アップデート版）

Buchanan, Mark（2002）*Nexus: Small worlds and the groundbreaking science of networks*, W. W. Norton & Company.（阪本芳久訳『複雑な世界、単純な法則：ネットワーク科学の最前線』草思社、2005年）

Casson, Mark（1982）*The Entrepreneur: An economic theory*, Martin Robertson.

Christensen, Clayton M. and Michael E. Raynor（2003）"Why Hard-Nosed Executives Should Care about Management Theory," *Harvard Business Review*, September, pp.67-74.（野口みどり訳「よい経営理論、悪い経営理論：マネジメント研究の正しい姿勢」、『Diamond ハーバ

ード・ビジネス・レビュー』May、2004年）

Cohen, William A.（2008）*A Class with Drucker: The lost lessons of the world's greatest management teacher*, AMACOM.（有賀裕子訳『ドラッカー先生の授業：私を育てた知識創造の実験室』ランダムハウス講談社、2008年）

Day, George S.（1999）"Misconceptions about Market Orientation," *Journal of Market-Focused Management*, Vol.4 No.1, pp.5-16.

Deng, Cheng, Jianjun Yang, Zhongfeng Su and Shuman Zhang（2021）"The Double-edged Sword Impact of Effectuation on New Product Creativity：The moderating role of competitive intensity and firm size," *Journal of Business Research*, Vol.137, pp.1-12.

Duggan, William（2007）*Strategic Intuition: The creative spark in human achievement*, Columbia University Press.（杉本希子・津田夏樹訳『戦略は直感に従う：イノベーションの偉人に学ぶ発想の法則』東洋経済新報社、2010年）

Hartley, Robert F.（1998）*Marketing Mistakes and Successes, 7th edition*, Wiley.

Hippel, Eric A. von（2005）*Democratizing Innovation*, MIT Press.（サイコム・インターナショナル監訳『民主化するイノベーションの時代：メーカー主導からの脱皮』ファーストプレス、2006年）

Isdell, Neville and David Beasley（2011）*Inside Coca-Cola: A CEO's life story of building the world's most popular brand*, St. Martin's Press.（関美和訳『コカ・コーラ：叩き上げの復活経営』早川書房、2012年）

Jiang, Yi, and Erno T. Tornikoski（2019）"Perceived Uncertainty and Behavioral Logic: Temporalitiy and unanticipated consequences in the new venture creation process," Journal of Business Venturing, 34, pp. 23-40.

Kalaignanam, K., K. R. Tuli, T. Kushwaha, L. Lee, and D. Gal.（2020）"Marketing Agility: The Concept, Antecedents, and a Research Agenda", *Journal of Marketing*, 85(1), pp.35-58.

Keough, Donald R.（2008）*The Ten Commandments for Business Failure*, Penguin Group Inc.（山岡洋一訳『ビジネスで失敗する人の10の法則』日本経済新聞出版社、2009年）

Kim, W, Chan and Renée Mauborgne（2005）*Blue Ocean Strategy*, Harvard Business School Publishing Corporation.（有賀裕子訳『ブルー・オーシャン戦略：競争のない世界を創造する』ランダムハウス講談社、2005年）

Kim, W. Chan and Renée Mauborgne (2017) *Blue Ocean Shift*, Grand Central Publishing.（有賀祐子訳『ブルー・オーシャン・シフト』ダイヤモンド社、2018年）

Kirzner, Israel M. (1997) "Entrepreneurial Discovery and the Competitive Market Process: An Austrian approach", *Journal of Economic Literature*, 35(1), pp.60–85.

Knight, Frank H. (1921) *Risk, Uncertainty and Profit*, Houghton Mifflin Company.（桂木隆夫・佐藤方宣・太子堂正称訳『リスク、不確実性、利潤』筑摩書房、2021年）

Kotler, Philip (1991) *Marketing Management: Analysis, planning, implementation, and control, 7th edition*, Prentice-Hall, Inc.

Kotler, Philip, Kevin Keller, and Alexander Chernev (2021) *Marketing Management, 16th edition*, Person.（恩藏直人監訳、小林朋子・アーヴィン香苗・伊藤晶子・クリバー海老原章子・青木洸訳『コトラー＆ケラー＆チェルネフ マーケティング・マネジメント〔原書第16版〕』丸善出版、2022年）

Marx, Karl H. (1934) *Zur Kritik der politischen Ökonomie*, Volksausgabe, besorgt vom Marx-Engels-Lenin-Institut.（武田隆夫・遠藤湘吉・大内力・加藤俊彦訳『経済学批判』岩波文庫、1956年）

Merchant, Brian (2017) *The One Device: The secret history of the iPhone*, Fletcher & Company.（倉田幸信訳『ザ・ワン・デバイス：iPhoneという奇跡の"生態系"はいかに誕生したか』ダイヤモンド社、2019年）

Miller, Justin I. (2012) "The Mortality Problem of Learning and Mimetic Practice in Emerging Industries: Dying to be legitimate," *Strategic Entrepreneurship Journal*, Vol.6 No.1, pp.59–88.

Milliken, Frances J. (1987) "Three Types of Perceived Uncertainty about the Environment: State, Effect, and Response Uncertainty," *Academy of Management Review*, Vol.12 No.1, pp.133–143.

Mintzberg, Henry (1994) *The Rise and Fall of Strategic Planning*, Prentice Hall.（黒田哲彦・崔大龍・小高照男訳『「戦略計画」創造的破壊の時代』産業能率大学出版部、1997年）

Pendergrast, Mark (1993) *For God, Country and Coca-Cola*, Macmillan Publishing Company.（古賀林幸訳『コカ・コーラ帝国の興亡：100年の商魂と生き残り戦略』徳間書店、1993年）

Popper, Karl R. (1963) *Conjectures and Refutations; The growth of scientific knowledge,*

Routledge & Kegan Paul.（藤本隆志・石垣壽郎・森博訳『推測と反駁：科学的知識の発展』法政大学出版局、1980年）

Porter, Michael E.（1980）*Competitive Strategy,* The Free Press.（土岐坤・中辻萬治・服部照夫訳『競争の戦略』ダイヤモンド社、1982年）

Read, Stuart, Saras Sarasvathy, Nick Dew, Robert Wiltbank and Anne-Valérie Ohlsson（2011）*Effectual Entrepreneurship 2nd edition*, Routledge.

Reymen, Isbelle M.M.J., Petra Andries, Hans Berends, Rene Mauer, Ute Stephna, and Elco Van Burg（2015）"Understanding Dynamics of Stratrgic Decision Making in Venture Creation: A process study of effectuation and causation," *Strategic Entrepreneurship Journal*, Vol.9 Isuue 4, pp.351-379.

Richards, Chet（2004）*Creation to Win: The strategy of John Boyd*, Applied to Business, Xlibris.（原田勉訳『OODA LOOP（ウーダループ）：次世代の最強組織に進化する意思決定スキル』東洋経済新報社、2019年）

Riese, Al and Jack Trout（2001）*Positioning: The battle for your mind*, The McGraw-Hill Companies.（川上純子訳『ポジショニング戦略［新版］』海と月社、2008年）

Ries, Eric（2011）*The Lean Startup: How today's entrepreneurs use continuous innovation to create radically successful businesses*, Currency.（井口耕二訳『リーン・スタートアップ：ムダのない起業プロセスでイノベーションを生みだす』日経BP社、2012年）

Sarasvathy, Saras D.（2001）"Causation and Effectuation: Toward a theoretical shift from economic inevitability to entrepreneurial contingency," *Academy of Management Review*, Vol.26 No.2, pp.243-263.

Sarasvathy, Saras D.（2008）*Effectuation: Elements of entrepreneurial expertise*, Edward Elgar.（加護野忠男監訳、高瀬進・吉田満梨訳『エフェクチュエーション：市場創造の実効理論』碩学叢書、2015年）

Schumpeter, Joseph A.（1926）*Teorie der Wirtschahaftlichen Entwicklung: Eine untersuchung über unternehmergewinn*, Kapital, Kredit, Zins und den Konjunkturzyklus, 2 Aufl, Duncker & Humblot.（塩野谷祐一・中山伊知郎・東畑精一訳『経済発展の理論』岩波文庫、1977年）

Shane, Scot and S. Venkataraman（2000）"The Promise of Entrepreneurship as a Field of

Research", *Academy of Management Review*, 25(1), pp.217-226.

Shane, Scot（2003）*A General Theory of Entrepreneurship: The individual-opportunity* Nexus, Edward Elgar.

Simon, Herbert A.（1996）*The Sciences of the Artificial, 3rd edition,* The MIT Press.（稲葉元吉・吉原英樹訳『システムの科学 第3版』パーソナルメディア、1999年）

Tedlow, Richard S.（1990）*New and Improved: The story of mass marketing in America,* Basic Books.（近藤文男監訳『マス・マーケティング史』ミネルヴァ書房、1993年）

Teece, D. J., G. Pisano, and A. Shuen（1997）"Dynamic Capabilities and Strategic Management", *Strategic Management Journal*, 18(7), pp.509-533.

Townsend, David M., Jeffery S. McMullen, and Saras D. Sarasvathy（2018）"Uncertainty, Knowledge Problems, and Entrepreneurial Action," *Academy of Management Annals*, Vol.12 No.2, pp.659-687.

池尾恭一（1998）「マーケティング革新による市場創造：アスクル株式会社」嶋口充輝・竹内弘高・片平秀貴・石井淳蔵編『マーケティング革新の時代①顧客創造』有斐閣、pp.114-141。

石井淳蔵（1993）『マーケティングの神話』日本経済新聞社。

石井淳蔵（2009）『ビジネス・インサイト：創造の知とは何か』岩波新書。

石井淳蔵（2012）『マーケティング思考の可能性』岩波書店。

石井淳蔵（2014）『寄り添う力：マーケティングをプラグマティズムの視点から』碩学舎。

石井淳蔵・栗木契・横田浩一編著（2015）『明日は、ビジョンで拓かれる：長期経営計画とマーケティング』碩学舎。

石井淳蔵（2022）『進化するブランド：オートポイエーシスと中動態の世界』碩学叢書。

内田和成（2019）『右脳思考：ロジカル・シンキングの限界を超える観・感・勘のススメ』東洋経済新報社。

内田和成（2022）『イノベーションの競争戦略：優れたイノベーターは0→1か？　横取りか？』東洋経済新報社。

尾崎弘之（2018）『新たなる覇者の条件：なぜ日本企業にオープンイノベーションが必要なのか？』日経BP社。

大澤真幸（1994）『意味と他者性』勁草書房。

小川進（2006）『競争的共創論：革新参加社会の到来』白桃書房。
小川進（2020）『QRコードの奇跡：モノづくり集団の発想転換が革新を生んだ』東洋経済新報社。
ORICON NEWS（2021）「大人気文具“マステ”の根幹は“ハエトリ紙にあった：業務用が”可愛い“に進化を遂げた15年」、ORICON NEWS 2021.11.16（https://www.oricon.co.jp/special/57761/）。
株式会社アイリンク（2018）「中国製品を駆逐したホンダの二輪車戦略」（https://ilink-corp.co.jp/5515.html）。
株式会社小林製薬ホームページ（2023）（https://www.kobayashi.co.jp/corporate/business_model/）accessed 2023.3.22。
北村森（2022）「そのヒットは幸運だったから！？（カモ井加工紙株式会社）」、Alibaba Japan Press 2022.01.31（https://www.b2b.alibaba.co.jp/aj-press/000994/）。
くらたまなぶ（2006年）『リクルート「創刊男」の大ヒット発想術』日経ビジネスジン文庫。
栗木契（1996）「消費とマーケティングのルールを成り立たせる土台はどこにあるのか」石井淳蔵・石原武政編『マーケティング・ダイナミズム：生産と欲望の相克』白桃書房、pp.255-289。
栗木契（2003）『リフレクティブ・フロー：マーケティング・コミュニケーション理論の新しい可能性』白桃書房。
栗木契（2012a）「プロローグ」、栗木契・水越康介・吉田満梨編『マーケティング・リフレーミング：視点が変わると価値が生まれる』有斐閣、pp.1-9。
栗木契（2012b）「市場の逆説性を考える」、栗木契・水越康介・吉田満梨編『マーケティング・リフレーミング：視点が変わると価値が生まれる』有斐閣、pp.13-29。
栗木契（2012c）『マーケティング・コンセプトを問い直す：状況の思考による顧客志向』有斐閣。
栗木契（2014）「朝ドラでは放送しない日の丸ウイスキー秘話」『プレジデント』2014年11月17日号、pp.189-191。
栗木契（2015a）「サントリー：ビジョンの継承で市場を拓く」石井淳蔵・栗木契・横田浩一編著『明日はビジョンで拓かれる：長期経営計画とマーケティング』碩学舎、pp.121-156。
栗木契（2015b）「無限後退問題とエフェクチュエーション」『国民経済雑誌』第211巻第4号、pp.33-46。

栗木契（2017a）「制約を生かし弱点を武器に」日本経済新聞、2017.02.03 朝刊25面。

栗木契（2017b）「復活・コマツは「未来を予測」していたか」PRESIDENT Online 2017.02.07（https://president.jp/articles/-/21253）

栗木契（2017c）「『ネスカフェ アンバサダー』に見るマーケティングの２つの行動原則」『ひょうご経済』No.134、pp.12-13。

栗木契（2018a）「デジタルで、打って出よう」栗木契・横田浩一編著『デジタル・ワークシフト：マーケティングを変えるキーワード30』産学社、pp.1-８。

栗木契（2018b）「デジタル時代のマーケティング・プロセス」栗木契・横田浩一編著『デジタル・ワークシフト：マーケティングを変えるキーワード30』産学社、pp.14-27。

栗木契（2020）「山形の観光農園が『さくらんぼ狩り』を『ネット通販』に切り替えられた意外な背景：通販出荷額は前年比２倍に」PRESIDENT Online 2020.11.30（https://president.jp/articles/-/40889）。

栗木契（2021a）「『子会社にライバル製品を売らせよう』年商4000億円企業アスクルを育てた経営判断：組織の「起業家精神」をどう活かす」、PRESIDENT Online 2021.02.21（https://president.jp/articles/-/43322）。

栗木契（2021b）「知名度ゼロの下請け企業が『２万円超のトースター』で大ヒットを生むまで：アラジンを一流ブランドにした底力」、PRESIDENT Online 2021.04.30（https://president.jp/articles/-/45518）。

栗木契（2021c）「有名なコカ・コーラの失敗例で、あまり語られない「その後」が重要である理由」、DIAMOND Online 2021.05.08（https://diamond.jp/articles/-/270453）。

栗木契（2021d）「医療機器のシスメックスが『試薬で稼ぐ』高収益ビジネスに辿り着いた理由」、DIAMOND Online 2021.02.13（https://diamond.jp/articles/-/262613）。

栗木契（2021e）「『現地に行くよりいい』デンソーの“オンライン工場見学”のすごい評判：『工場も商品』だから価値を追求」、PRESIDENT Online 2021.07.02（https://president.jp/articles/-/47437）。

栗木契（2022a）「マーケター発想の『ありがちな新商品』の限界を壊せ…博報堂がたどり着いた『部族レポート』という新手法：市場調査からもイノベーションは生み出せる」、PRESIDENT Online 2022.06.30（https://president.jp/articles/-/59073）。

栗木契（2022b）「「ネスカフェ アンバサダー」に見る起業家的機会のとらえ方」、TRANSENSE

2022.08.03。

栗木契（2022c）「全国の高校の４割にあたる2000校が利用。リクルートの『スタサプ』が起こした教育革命」、MAG2 NEWS 2022.08.08（https://www.mag2.com/p/news/547991）。

栗木契（2022d）「月額費用を980円→1980円に上げたのに、会員数が２倍に…リクルートの『スタサプ』が実現した奇跡の戦略」、PRESIDENT Online 2022.09.08（https://president.jp/articles/-/61274）。

栗木契（2022e）「不本意なギザギザ切り口を『かわいい』と褒められた…工業用マスキングテープが売れ筋文具になったワケ：創業100年の老舗企業を動かした一通のメール」、PRESIDENT Online 2022.10.16（https://president.jp/articles/-/62263）。

栗木契（2022f）「大手メーカーが“見放した技術”を再生。アラジン『高級トースター』人気の秘密」、MAG2 NEWS 2022.11.04（https://www.mag2.com/p/news/556974）。

栗木契（2022g）「なぜ山形の観光農園のコロナ禍対応は一時凌ぎでは終わらなかったのか」、MAG2 NEWS 2022.09.13（https://www.mag2.com/p/news/551652）。

栗木契（2022h）「『行政処分で会社存亡の危機』から３年足らずで過去最高益…ある派遣会社が大逆転できた理由：ピンチを契機にビジネスモデルを大転換」、PRESIDENT Online 2022.12.13（https://president.jp/articles/-/64288）。

栗木契（2022i）「『みんなでワイワイはもう戻らない』ワタミの“脱・居酒屋”の大転換をバカにはできない：動かなければ死んでしまう時代」、PRESIDENT Online 2022.01.09（https://president.jp/articles/-/53340）。

栗木契（2022j）「俊敏さに回帰するマーケティング：脱・戦略計画が、なぜ、今、私たちに必要か」『BUSINESS INSIGHT 電子版』第30巻 第１号（https://riam.jp/business-insight/no117/special/）。

栗木契（2022k）「イノベーションを活性化するマーケティング・リサーチ」『国民経済雑誌』第226巻第６号、pp.49-65。

栗木契（2023a）「マウンテンバイクは改造と遊びから生まれた。ユーザー発のイノベーションを後押しする『博報堂』の画期的な試みとは？」、MAG2 NEWS 2023.01.12（https://www.mag2.com/p/news/563407）。

栗木契（2023b）「画期的なPC『レッツノート2in1タイプ』はいかにして誕生したか？佐々木仰氏が明かす“開発秘話”」、MAG2 NEWS 2023.03.01（https://www.mag2.com/p/news/568357）。

栗木契（2023c）「リクルートの『スタサプ』に学ぶ、予測が通用しない市場でのマーケティング展開法」、MAG2 NEWS 2023.09.12（https://www.mag2.com/p/news/584142）。

栗木契（2023d）「『お金のため』だけではなくなった…IT 企業の執行役員が『9つの副業』」を続けている理由」、PRESIDENT Online 2023.02.09（https://president.jp/articles/-/66113）。

國部克彦（2021）「経営倫理を俯瞰する」神戸大学専門職大学院［MBA］編『プレ MBA の知的武装』中央経済社、pp.201-212。

國分功一郎（2017）『中動態の世界：意志と責任の考古学』医学書院。

黒坂勝美 編輯（2022）『今昔物語集：天竺震旦・新訂増補』ネットアドバンス。

坂根正弘（2015）「建設機械に革命をもたらした『KOMTRAX（コムトラックス）』誕生の足跡」doda X キャリアコンパス　2015.06.15（https://careercompass.doda-x.jp/article/28/）。

佐々木仰（2020）「『ムダ』なことからはじめてみよう：イノベーションはブラブラ歩きから」『冷凍』第95巻第1107号、pp.14-19。

嶋口充輝・石井淳蔵（1987）『現代マーケティング』有斐閣。

清水洋（2001）「イノベーションとアントレプレナーシップ」一橋大学イノベーション研究センター編『イノベーション・マネジメント入門』日本経済新聞社、pp.44-164。

杉森久英（1986）『美酒一代』新潮文庫。

鈴木隆（2016）『マーケティング戦略は、なぜ実行でつまずくのか：実践のための新しい理論とモデルの探求』碩学叢書。

鈴木敏文（2013）『売る力：心をつかむ仕事術』文春新書。

高嶋克義・桑原秀史（2008）『現代マーケティング論』有斐閣アルマ。

高杉康成（2015）『一流のビジネスマンは誰でも知っている ヒットの原理：売れるプラン作成の原理』日経 BP 社。

高瀬進（2017）『大学発ベンチャー起業家の『熟達』研究：瀧和男のライフヒストリー』中央経済社。

竹林一（2020）「イノベーションは結果に過ぎない：新規事業をつくりだす「起承転結」の組織づくり」ログミー Biz（https://logmi.jp/business/articles/323366）。

角田隆太郎（2002）「企業家とベンチャー企業」金井一賴・角田隆太郎編『ベンチャー企業経営論』有斐閣、pp.27-57。

中村龍太（2022）「副業ではなく『復業』こそ、人生を豊かにするワケ」『経営情報学会誌』第

31巻第2号 September、pp.96-106。
成戸昌信・比留間雅人（2015）「世紀の失敗か？マーケティング戦略の成功か？：ケーススタディ：ニューコーク（New Coke）事件の再評価、リスク管理と総合戦略」『経営センサー』2015.10、株式会社東レ経営研究所、pp.4-12。
西本章宏・勝又壮太郎（2018）「メガマーケティングによる市場の断絶と創造：着メロから着うたへ」『組織科学』第51巻3号、pp.31-45。
沼上幹（2000）『行為の経営学：経営学における意図せざる結果の探求』白桃書房。
沼上幹（2016）『ゼロからの経営戦略』ミネルヴァ書房。
畑村洋太郎（2005）『失敗学のすすめ』講談社文庫。
原田勉（2014）『イノベーション戦略の論理：確率の経営とは何か』中公新書。
廣田章光（2022）『デザイン思考：マインドセット＋スキルセット』日本経済新聞出版。
藤川佳則・竹内弘高（1994）「新製品の『予想外の成功』がもたらす競争優位」『マーケティングジャーナル』第14巻第2号、pp.47-58。
本庄加代子・栗木契（2022）「インターナルブランディングをテコとした不祥事からのビジネスモデルの転換：アクサス株式会社」『マーケティングジャーナル』第42巻第2号、pp.63-72。
水越康介（2011）『企業と市場と観察者：マーケティング方法論研究の新地平』有斐閣。
水越康介（2014）『「本質直感」のすすめ。：普通の人が、平凡な環境で、人と違う結果を出す』東洋経済新報社。
宮尾学（2021）「技術経営を俯瞰する」神戸大学専門職大学院［MBA］編『プレ MBA の知的武装』中央経済社、pp.127-141。
安富歩（2006）『複雑さを生きる：やわらかな制御』岩波書店。
矢萩美智（2023）『さくらんぼ社長の経営革命：入園者ゼロになった観光農園の売上を過去最高にできたしくみ』中央経済社。
山下裕子・福富言・福地宏之・上原渉・佐々木将人（2012）『日本企業のマーケティング力』有斐閣。
山田仁一郎・植田祐紀・柳淳也（2015）「日本における entrepreneurship 研究領域の書誌情報分析：学術翻訳語の普及過程とその多様性の継続」『経営研究』第66巻第2号、pp.77-95。
山本政樹（2021）『Business Agility：これからの企業に求められる「変化に適応する力」』プレジデント社。

吉田満梨（2013）「製品評価基準の変化を伴う新市場形成プロセス：カモ井加工紙株式会社『mt』の事例研究」『マーケティングジャーナル』第32巻第3号、pp.16-32。

吉田満梨（2016）「製品による顧客創造：カモ井加工紙株式会社マスキングテープ『mt』」石井淳蔵・廣田章光・坂田隆文編著『1からのマーケティング・デザイン』碩学舎、pp.31-42。

吉田満梨（2022）「企業家活動の成功の向こう側へ：エフェクチュエーション研究の現状と可能性」『VENTURE REVIEW』第39号、pp.15-30。

吉田満梨・中村龍太（2023）『エフェクチュエーション：優れた起業家が実践する「5つの原則」』ダイヤモンド社。

事項索引

著者略歴

栗木 契（くりき・けい）

神戸大学大学院経営学研究科教授

1997年、神戸大学大学院経営学研究科博士課程修了。岡山大学経済学部助教授などを経て、2012年より現職。

専門はマーケティング論。

主著に『マーケティング・コンセプトを問い直す』（有斐閣）、『リフレクティブ・フロー』（白桃書房）などがある。

エフェクチュアル・シフト

不確実性に企業家的機会を見いだすマーケティングの探求

2024年 5月25日 初版第 1 刷発行
2024年 6月25日 初版第 2 刷発行

著　者　栗木 契

発行者　千倉成示
発行所　株式会社 千倉書房
〒104-0031 東京都中央区京橋3丁目7番1号
電話 03-3528-6901（代表）
https://www.chikura.co.jp/

造本装丁　米谷 豪
印刷・製本　精文堂印刷株式会社

ISBN 978-4-8051-1315-8 C3063